应用经济学研究生系列教材

金融硕士教学案例集

（第一辑）

郑长德　主编

Teaching Cases for
Master of Finance

中国财经出版传媒集团
经济科学出版社
Economic Science Press

图书在版编目（CIP）数据

金融硕士教学案例集. 第一辑/郑长德主编. —北京：经济科学出版社，2016. 10
ISBN 978 - 7 - 5141 - 7466 - 3

Ⅰ. ①金…　Ⅱ. ①郑…　Ⅲ. ①金融学-教学研究-研究生教育-文集　Ⅳ. ①F830-53

中国版本图书馆 CIP 数据核字（2016）第 276578 号

责任编辑：王　娟　张立莉
责任校对：刘　昕
责任印制：邱　天

金融硕士教学案例集（第一辑）
郑长德　主编
经济科学出版社出版、发行　新华书店经销
社址：北京市海淀区阜成路甲 28 号　邮编：100142
总编部电话：010-88191217　发行部电话：010-88191522
网址：www. esp. com. cn
电子邮件：esp@ esp. com. cn
天猫网店：经济科学出版社旗舰店
网址：http://jjkxcbs. tmall. com
北京季峰印刷有限公司印装
710×1000　16 开　10. 75　印张　200000 字
2017 年 12 月第 1 版　　2017 年 12 月第 1 次印刷
ISBN 978 - 7 - 5141 - 7466 - 3　定价：36. 00 元
（图书出现印装问题，本社负责调换。电话：**010-88191502**）
（版权所有　翻印必究　举报电话：**010-88191586**
电子邮箱：dbts@ esp. com. cn）

编委会成员

主　编　郑长德
副主编　涂裕春　姜太碧
成　员　伍　艳　安　果　何雄浪
　　　　陈　桢　范　钛　黄　毅
　　　　曾庆芬　熊海帆　蒲成毅

前　言

随着经济全球化的发展，国际经济金融之间的关系越来越复杂和紧密，金融对经济的作用日益增强。在中国，金融结构市场化、资产证券化、金融机构多元化、金融体系国际化等诸方面不断加强，现代金融发展模式和结构正在发生变化。以上诸因素催生了对掌握金融理论并具有卓越的实践能力的金融专业人才的迫切需求。在此背景下，国务院学位委员会第 27 次会议审议通过了金融硕士专业学位设置方案，决定在我国新增金融硕士专业学位（Master of Finance，简称 MF），并于 2011 年成立全国金融专业学位研究生教育指导委员会，开始招收金融硕士专业学位研究生。金融硕士专业学位的宗旨是：为中国金融改革和发展培养既有扎实的专业知识和技能又有宽广的国际视野和卓越实践能力的金融专业人才。具体目标是，培养具有卓越实践能力的高层次金融专业人才。这种卓越实践能力体现为具备扎实的经济、金融学理论基础，良好的职业道德，富有创新的精神和进取品格，较强的从事金融实际工作的能力。

西南民族大学金融硕士专业学位授权点于 2010 年获得，于当年招收第一批学生。根据金融硕士专业学位的宗旨、培养目标和培养要求，在金融硕士专业学位的建设过程中，特别重视案例的开发和案例教学。通过这些案例，训练了学生运用所学的理论知识解决实践问题的能力，并通过实践案例的教学使学生认识到理论与现实之间的差距，以及二者之间相互促进、相互完善的关系，提高学生分析问题、解决问题的能力。2013 年以来，金融硕士专业学位授课教师先后开发了 9 个教学案例，其中有 2 个教学案例获得全国金融硕士优秀案例奖。现将这 9 个案例结集出版。在未来的教学中，还将继续进行案例开发和研究。

收入到本书中的案例作者分别是：案例 1：高杉、杨晓龙、郑长德；案例2：杜红艳；案例 3：郑长德、谭余夏、王柄权；案例 4：肖韶峰、涂裕春、彭志雄、奉佳、杨胜利、高锦；案例5：曾庆芬；案例6：付强；案例7：高杉；案例8：单德朋；案例9：郑长德、杨晓龙。

在案例编写过程中，研究生秘书冯筱老师作了大量的组织工作。本书的出版得到了四川省研究生教育改革创新项目"民族高校应用经济学研究生创新人才培养模式改革研究"的资助。在此表示感谢！

目 录

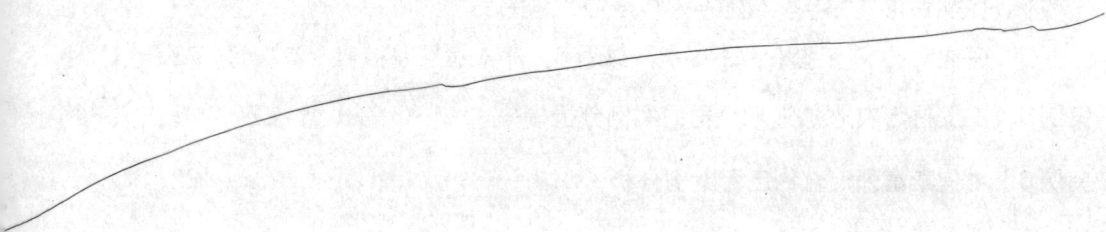

案例 1　中国阿里与日本乐天的金融帝国 *

案例编写人：高　杉　杨晓龙　郑长德

摘要： 随着互联网时代的到来，互联网向传统产业全面渗透。作为中国和日本的知名电商企业，阿里和乐天凭借运营电商积累的宝贵资源，不约而同地完成了对互联网金融领域的渗透，以此构建起一套完美的企业生态体系，取得了巨大商业成功。

关键词： 电商平台；互联网金融

1. 阿里集团的金融帝国

1.1　从平台到金融

2014 年 9 月 19 日，世界最大的电商集团阿里巴巴集团（NYSE：BABA）（以下简称阿里集团）正式在纽约股票交易所挂牌交易，以 250 亿美元的融资规模成为全球范围内最大的 IPO 交易之一。截至当日收盘，阿里巴巴股价暴涨 38.07%，市值达 2 314.39 亿美元，成为仅次于谷歌的全球第二大互联网公司。阿里巴巴受到投资者的追捧与其卓越的互联网经营业绩密切相关，据 2014 年财报显示，2014 年度阿里集团总 GMV（gross merchandise volume 商品交易总量）高达 2.3 万亿元人民币，约合 4 188.6 亿美元，超过了中国零售消费品总额的 8%，营业收入高达 708 亿元人民币，约合 114.06 亿美元①。在阿里集团旗下的电子商务平台中有 3.34 亿活跃的买家，占中国总人口的 1/4 和

＊　本案例获第一届全国金融硕士优秀案例奖。
①　阿里研究院［EB/OL］http：//www.aliresearch.com。

中国网民数量的 1/2。

作为超级电商平台，拥有巨额的 GMV 和巨额的买家卖家数量无疑是阿里集团的核心资源和核心竞争力，在这样的资源上开发新产品和创造新价值，以及完成企业的战略转型，是阿里集团保持高速增长的关键所在。因此，阿里集团构建的阿里金融生态系统，既是顺势而为，也是水到渠成。

作为阿里巴巴的掌舵者，马云的理想不仅仅是做一个电子商务领军企业，而是要建立自己的网络商业帝国，创建商业模式的最高形式——国家商业模式，阿里金融生态系统的构建正是马云实现这一理想的重要棋子，2012 年，阿里集团将未来定位为"平台、金融和数据"三大核心业务。随着阿里金融生态系统战略的提出，不少人甚至喊出了"颤抖吧银行"的口号。

阿里巴巴的核心业务[①]有以下几个方面：

"第一块业务是平台战略，内部称为七家公司（或为七剑下天山），即阿里巴巴的国外、阿里巴巴的国内、一淘、淘宝、天猫、聚划算、云计算，建立平台经济，为所有小企业建立一个机会的平台。

第二个阶段就是金融，如何让那些诚信的网商富起来？需要通过互联网的思想和技术去支撑整个社会未来金融体系的重建。在这个金融体系里，无需抵押、无需关系，只需信用，就可以为客户服务。

第三个阶段是数据。大量的数据可以作为国家经济预报台，预测未来世界经济在发生什么，中国经济在发生什么，从而为政策的制定提供数据支持。"

1.2 阿里金融的生态体系

电子商务作为发达的商品交换的最新形式，它的产生和发展，必然要求支付手段的跟进与创新，以及一系列增值服务的创新。这一系列创新的引领者，要么是银行，要么是电商企业本身。而电商企业由于本身完美的生态系统，具备比银行更多的动力和优势。

由阿里巴巴的生态系统图可以窥见其商业模式的核心：平台建平台。阿里金融的发展路径，从阿里巴巴和淘宝网的平台→支付宝的线上支付平台→阿里小贷和"余额宝"的互联网金融平台→"聚宝盘"的互联网金融和银行平台，围绕"平台搭平台"战略发展。随着平台的发展，客户规模不断扩大，客户

---

① 马云在网商大会上的闭幕演讲实录 ［EB/OL］ http：//tech. 163. com/12/0909/19/8B00UUIC00 0915BF. html。

黏性不断加强其业务创新和扩张能力又进一步的增强，如图 1、图 2 所示。

图 1　阿里的生态系统

资料来源：阿里巴巴美国上市路演 PPT。

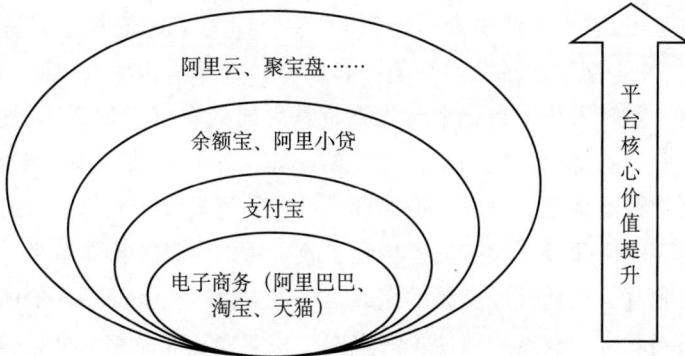

图 2　阿里金融的生态系统

资料来源：海通证券行业研究报告。

1.3　阿里金融的发展历程

从"让天下没有难做的生意"到"让天下没有难贷的款"，阿里集团正在完成从搭建平台到互联网金融引领者角色的转变。阿里集团所打造的金融体系，早在 13 年前就开始启动，阿里金融的 10 多年历程大致分为三个阶段。

1.3.1　诚信通与支付宝：信用体系与信用数据的构建（2002～2010 年）

数据和信用体系是阿里金融最独特的地方，是整个阿里金融运作的重要基础，称得上是阿里金融的最初萌芽。而阿里巴巴数据和信用体系的建设最早可以追溯到 2002 年。

2002 年，阿里集团在旗下的 B2B 平台阿里巴巴上推出了诚信通的会员服务，旨在解决网络贸易的信用问题，阿里巴巴要求企业在交易网站上建立自己的信用档案，并展示给买家。2004 年 3 月，阿里巴巴推出了"诚信通指数"，通过一套科学的评价标准来衡量会员的信用状况。这种信用交易的记录反映了企业真实的生产、经营以及销售情况，并通过科学的体系来衡量企业的信用状况，具有非常高的参考意义和价值。

2003 年 5 月，阿里集团试水 C2C 业务，建立淘宝网，为了解决 C2C 平台个人网购支付手段的不足，维护网络交易安全，促进供需双方交易的达成，阿里集团于当年 10 月成立了第三方支付平台——支付宝。第三方支付平台是指与银行（通常是多家银行）签约，并具备一定实力和信誉保障的第三方独立机构提供的交易支持平台。这种交易支持平台是买卖双方在交易过程中的资金"中间平台"，也是"信任中介"。具体来说，即为了规避网络交易无法实现"一手交钱、一手交货"的交易缺陷，必然有一方要承担额外风险。买方选购商品后，将货款转入该平台，平台收到货款后通知卖家货款到达、进行发货，买方收货、验货满意后，通知平台付款给卖家，平台再将款项转至卖家账户，如买家收到货物不满意，可以申请退货，平台则将买家转入的资金退予买家账户。除支付宝的保障外，淘宝网还构建了收货后的交易评价体系来进一步捍卫买卖双方的利益。从而促成交易的完成第三方支付平台及交易评价体系都极大地保障了买卖双方的权益，促使了淘宝网交易双方和商品交易总量的激增。

随着阿里巴巴和淘宝网的交易双方数量和交易总量的不断增加，阿里集团建设的商家及个人信用数据库内容不断生成，评价体系也不断的完善。事实上，诚信通与支付宝由交易所产生的海量信用数据，生成了一个堪比银行征信系统更为精准和使用的信用体系。

正因为具备了这样的基础，阿里巴巴也开始有意识地在数据层面和银行进行合作，探索以数据为基础的金融体系。2007 年 5 月，阿里集团联合建设银行、工商银行向 B2B 会员企业推出贷款产品，银行的放贷依据则是企业在阿里商业信用数据库中积累的信用记录。2009 年，为推进与银行合作而设立的网络银行部从 B2B 业务中拆分出来纳入阿里巴巴集团，负责集团旗下所有子公司平台的融资业务，此后更名为"阿里巴巴金融"，完成了组织架构的独立。

面向消费者的支付宝和与银行合作的贷款产品是阿里集团在消费端和企业

端金融探索的开端，这是阿里金融的萌芽阶段。本为促进网络商品交易而建立的商家信用数据库成为日后阿里金融的基础和核心竞争力，在今天看来更多有无心插柳柳成荫的意味。

1.3.2　自立门户，多方探索（2010～2012 年）

与银行完成初步试水的阿里金融，与银行合作了四年后却渐行渐远，不欢而散。分手的原因，在阿里集团看来是银行嫌贫爱富，阿里所筛选的优质客户，在银行那里却得不到贷款。而银行则认为是阿里的客户资源有限且比较特殊，在其中筛选客户并进行评价，会涉及巨大的风险评价成本，风险评估的成本过高而带来投入和产出的极度不成正比，使得趋利的银行以及银行客户经理不愿意进行操作。最后变成了一场政治秀，即银行在自身的客户群体中选出客户，让他们加入阿里巴巴的诚信通，成为阿里巴巴的客户，然后再给予贷款。阿里和银行的分歧到达一定程度，分家自然也就是顺其自然的事情了，加之阿里本身就是一个追求主动权的公司，其实此时的阿里已经为在金融领域自谋出路做好了准备。

2010 年 6 月至 2011 年 6 月间，阿里巴巴小额贷款公司分别在杭州和重庆成立。阿里小贷目标市场正是那些被银行"嫌弃"的小微企业，阿里小贷以这些企业信用数据库和信用评价体系为支撑，无需抵押，企业凭借自己的信用在网上申请贷款，对于企业而言，申请阿里小贷，具有成本低廉，办理流程快捷，支取、停用方便等特点。

与此同时，阿里集团的支付宝业务取得了重大的进展，支付宝逐渐成为日后撑起整个阿里金融业务的平台。2011 年 5 月，支付宝顺利拿到中国人民银行颁发的第一张《支付业务许可证》，用户数量突破 7 亿。截至 2012 年底，支付宝占国内第三方支付市场份额的 47%，支付宝的业务范围从当初的网购担保交易逐渐发展成为集网络支付、转账、信用卡还款、手机充值、水电煤缴费、个人理财等多个领域，在进入移动支付领域后，为零售百货、电影院线、连锁商超和出租车等多个行业提供服务。此外，支付宝仍在不断的拓宽业务范围，例如上线商家服务平台、收购安卡支付进军国际航空支付、加强支付安全、获得基金第三方支付牌照等。

2012 年 9 月，在第三方支付和信贷领域打下稳固基础的阿里巴巴继续拓展新领域，进军保险和担保业务。首先，阿里集团联手腾讯和平安集团成立众安在线财产保险公司，注册资本金 10 亿元，涉足互联网保险。同时，阿里集团旗下的阿里巴巴、淘宝网以及浙江融信网络技术有限公司联合在重庆注册成立商诚融资担保有限公司，注册资金3亿元，法定代表人马云。

在不到3年的时间里，马云在第三方支付、信贷、保险、担保等领域逐步落下重要的棋子，阿里金融的业务架构也初具雏形。

1.3.3 阿里金融全面起航（2012年至今）

2012年9月召开的网商大会上，随着阿里集团"平台、金融和数据"三大核心业务战略的明确，阿里集团将要以平台为依托，以数据为核心，建设自己的金融生态体系。

围绕这三大核心业务，阿里集团将其架构调整为25个事业群，作为平台和数据业务的雏形，而阿里金融和支付宝不在其中。随后，阿里集团将支付宝拆分为共享平台事业部、国际业务事业部和国内业务事业部，再加上原来的阿里金融共同组成了阿里金融业务的四大事业群。四大事业群各有侧重，主要面向消费者金融和小微企业的金融服务，并分为国内和国外两大业务体系。

2013年3月7日，阿里宣布以四大事业群为班底筹备组建阿里小微金融服务集团，自此，阿里金融的整体业务板块和组织班底正式浮出水面，以支付宝为核心的阿里金融作为集团的重要组成与电商平台业务并列存在，这是阿里下一个十年的战略重点。

探索期的阿里金融更多的是以服务者的姿态出现，从属于集团内部的电商平台业务。今天对于阿里金融来说是一个全新的开始，战略更加明晰，业务更加独立，组织也更加完备。以平台业务为基础，以数据和信用为核心，面向消费者和小微企业行金融创新之路的"阿里号"金融战舰正式起航了。

1.4 阿里金融的构架

阿里金融的成长历程，以服务于电商平台为初衷，通过在电商平台上搭建的支付平台并以此获得信用和交易数据为核心，面向个人消费者和企业，逐渐成长为一只独立而强大的互联网金融力量。马云曾经公开表示，阿里的金融业务要回归金融本质，即金融是为了解决贸易和生活过程中的问题。而贸易和生活暗示了阿里金融的两个着力点：消费金融创新和小微企业金融创新。

在阿里金融的成长逻辑中，支付宝就是阿里金融的平台。一个形象的比喻是，对于阿里而言，支付宝对于阿里金融的价值，如同APP Store对苹果的价值，支付宝就是阿里金融的APP Store，而阿里集团的一切金融服务，正是其未来增长最迅猛的APP类别。因此，支付宝在未来的发展重点，一方面是继续向更多支付领域渗透以巩固其在互联网支付中的地位，如基金市场、证券市场、线下市场等；另一方面就是基于现有庞大用户基数和平台业务，加速推进消费金融创新。

实际在阿里完成战略调整后，支付宝业务的调整和创新就令人目不暇接：首先是将2012年才上线的涉足基金、保险理财、贵金属理财的淘宝网理财平台被并入支付宝的理财频道，而后，2013年支付宝推出余额宝业务。横空出世的余额宝，其创新的理财模式，迅速招揽大量人气，向大众传递了互联网金融的概念，另外，余额宝的出现给银行的存款业务也带来了一定影响，撼动了银行的市场主导地位。近期，支付宝又推出了信用支付业务，只要签约了信用支付，就会获得一个授信额度供用户循环使用，相当于一张虚拟的信用卡，主要用于淘宝购物交易，未来会向所有支付宝商家开放。

阿里集团围绕阿里巴巴、淘宝、天猫、支付宝等平台上的大量商家和消费者建立的信用数据库和信用评价体系是阿里金融的核心资产，也是银行等合作伙伴最垂涎的地方，这些数据和信用体系将成为阿里金融的核心，成为阿里金融面向企业进行金融创新的核心资源，以此为基础阿里金融将在这一体系中充分扮演数据提供商和使用者的角色，如面向小微企业方面，阿里金融就基于自己的信用数据库和信用评价体系推出了阿里小贷、商诚融资担保、众安在线、一达通等一系列业务，如图3所示。

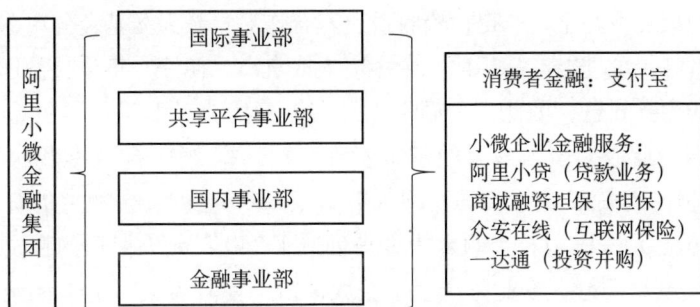

图3　阿里金融的内部构架

资料来源：作者自行整理。

1.5　阿里金融核心产品

1.5.1　支付宝

支付宝是全球领先的第三方支付平台，成立于2004年12月，致力于为用户提供"简单、安全、快速"的支付解决方案。旗下有"支付宝"与"支付宝钱包"两个独立品牌。自2014年第二季度开始成为当前全球最大的移动支付厂商。支付宝主要提供支付及理财服务。包括网购担保交易、网络支付、转账、信用卡还款、手机充值、水电煤缴费、个人理财等多个领域。在进入移动支付领域后，为零售百货、电影院线、连锁商超和出租车等多个行业提供服务。还推出了余额宝等理财服务。支付宝发展历程大体上经历两个阶段，从最初的"植根淘宝"到"独立支付平台"，与同时期诞生的其他第三方支付平台不同，支付宝一开始只面向淘宝，即与淘宝网购物的应用场景相结合，服务于淘宝交易。而后面支付宝独立发展，向独立支付平台转型，支付宝成为电子商务的一项基础服务，担当着"电子钱包"的角色。截至2014年，支付宝拥有注册用户7亿人，其中支付宝钱包活跃用户超6亿人。除了阿里巴巴和淘宝外，全球有超过46万户的商家和合作伙伴支持支付宝的在线支付和无线支付服务，极大地提升了支付宝的价值，此外支付宝拥有强大的支付能力，可以实现快捷支付、手机支付、二维码支付、声波支付、NFC支付、指纹支付，甚至在设想中的KONGFU（该方案通过对任一实物扫描授权赋予支付能力，在商家处出示该实物，经过独有的技术快速识别后，即可成功完成支付）。

1.5.2 余额宝

余额宝，由支付宝为个人用户打造的一项余额增值服务。即通过支付宝平台将余额购买货币基金，取得投资收益，其合作对象是天弘基金公司，其实质是货币基金。与传统理财产品相比，余额宝支取自由、便捷，年化收益远远高于同期银行短期存款利息，因此，余额宝一经推出，吸引了上千亿元资金进入，天弘基金公司因此成为国内最大的基金管理公司。据2014年天弘积极的年报显示：截至2014年底，余额宝的用户人数增至1.85亿人，余额宝的资金规模高达5 789.36亿元人民币，余额宝为客户创造了240亿元人民币的投资收益。同时，余额宝也对银行存款业务产生了较大冲击，使其流失了上千亿元的存款。

1.5.3 阿里小贷

小贷和微贷是阿里金融的重要组成部分，试水较早。借助"诚信通""诚信通指数"等服务建立的商家"网上征信系统"是阿里金融得以顺利运行的基础和根本。阿里小贷主要是通过浙江和重庆两家小贷公司进行的，两家公司的注册资本金共计16亿元人民币，由于政策规定可向银行借贷不超过其注册资本金50%的资金用以放贷，因此阿里金融两家小贷公司可供放贷的资金最多为24亿元人民币。阿里小贷主要提供两种不同类型的贷款服务：淘宝贷款和阿里巴巴贷款。淘宝贷款占阿里小贷中80%，贷款的最高额度为100万元；剩余的20%为阿里巴巴贷款，投向了阿里巴巴的会员企业，一般最高额度为300万元。淘宝贷款主要面向天猫、淘宝以及聚划算的卖家，分为订单贷款和信用贷款，由于淘宝、天猫、聚划算商户由于业务经营全过程均在淘宝平台上完成，其经营状况、信用历史记录等十分详尽，且系统已为其自动评价，故放贷审核、发放可全程在网上完成；阿里巴巴贷款主要面向阿里巴巴的会员，B2B业务放贷的流程中则有实地勘察环节，由阿里金融委托第三方机构于线下执行。淘宝贷款没有地域的限制，面向全国的淘宝、天猫以及聚划算的卖家。阿里巴巴贷款则有比较严格的地域限制和要求，之前主要是面向在江苏、浙江以及上海的付费会员开放。2012年7月，开始面向江浙沪的阿里巴巴普通会员开放。

1.5.4 聚宝盆

阿里集团在筹划中的平台。又称为银行的银行。这个项目的实质是，依托阿里云与支付宝为国内2 000多家区域性银行（农信社、农商行或城商行）输出云计算服务能力。通过向其提供强有力的云计算资源与网络环境，使银行可以因此获得弹性扩展、低成本、安全可靠的特性，可极大地提升银行竞争力。支付宝则在金融技术与服务方面提供大量支持。双方将联合专业的金融产品解决方案提供商们（金融ISV），由后者为这些区域性银行提供具体的服务开发与维护。预计通过云计算可以降低中小银行实现网络支付的开发和IT成本，同时，通过与ISV合作的方式，中小银行将会快速推进网络新业务的发展，最终为广大农村金融及支付用户打开网络消费大门。

2. 乐天的金融帝国

2.1 另一个做金融的电商集团

当阿里金融的轮廓逐渐明晰时，隔海相望的日本土地上，另一个互联网金融帝国正在悄悄成长，这个互联网金融帝国和阿里金融有着惊人的相似之处，因为它们都是超级电商平台这个母体孕育的果实。

乐天株式会社（Rakuten）（楽天株式会社），是日本最大的电子商务平台（B2B2C）"乐天市场"（RakutenIchiba）缔造者。乐天市场建立于1997年，2000年在日本股票交易所（JASDAQ）上市。乐天的财报显示，2014年度乐天的 GMV 为 6.7 万亿日元，约合 557.3 亿美元，主营收入为 5 986 亿日元，约合 49.79 亿美元，乐天会员数量达 9 775 万。

在乐天公司的主页上，诠释着这样的企业使命 "Empowering People and Society, Striving to Become the World's No.1 Internet Services Company"（授权大众与社会，争当全球第一的互联网服务企业），因此乐天的野心不仅仅是做超级电商平台，而是全面的互联网服务。在乐天的营业收入中，互联网金融业务是其最大的收入来源，其收入为 2365 亿日元，约合 19.67 亿美元，年增长率为 17.4%①。因此在互联网上总是传闻日本乐天是一家"不务正业"的电商企业：在其销售收入中"金融证券占了 1/3，而卖商品的收入不到 50%。"

乐天在互联网金融领域的成功和掌舵人的职业基因有很大关系。

三木谷浩史，日本乐天的董事会主席和 CEO，就职于日本兴行银行，后进入哈佛大学获得 MBA 学历，从兴行辞职后，他建立了咨询股份公司——克里姆森集团，并先后担任软银收购、卫星多频道的播放、Direct TV Japan 等大型项目的金融顾问。1997 年，三木谷浩史建立乐天市场。2004 年，即乐天集团成立七年后，乐天通过收购一家当地的证券企业，构建了互联网证券平台，由此进军互联网金融领域。此后，乐天集团相继推出乐天信用卡，乐天网络银行等互联网金融业务，缔造了属于自己的互联网金融帝国。

2.2 乐天金融与乐天生态系统

在乐天的企业网站上，乐天把自己的核心业务划分为三部分：互联网服务、互联网金融、其他，如图 4 所示。乐天通过建立自身的生态系统，如图 5 所示，将这三大业务有机地融合在一起，乐天生态系统的核心是庞大的乐天会员数据库，旁边的六环分别是乐天目前的 6 大主打业务，包括电子商务、旅行业、证券、通信、门户媒体、信用卡和支付，同时在平台层用乐天超级积分（Rakuten Super Points）将各个业务打通，并且有自身的付费平台和银行来做整体支持。乐天每一块业务都使用统一的 ID，并且共用底层的数据库。通过购物或使用乐天其他服务获得的"乐天超级积分"，可以在各业务中共同使用，积分在各种业务间流转形成良性循环。另外，乐天凭借对会员数据的分析，整合集团各种业务，使得各业务相互促进。

① 2014 年度乐天集团财报［EB/OL］http：//global.rakuten.com/corp/investors/documents/annual.html。

乐天将自己的事业布局称为 eocsystem，并且标榜其模式是世界上独一无二的且极难被模仿。首先，乐天提供的每个服务都可以为乐天带来流量，在流量为王，人口至上的互联网经济时代具有重要的价值。其次，各个业务相互助力，形成良性循环：会员可以在"乐天市场"上购物，购物时可以使用乐天发行的借记卡、信用卡、预付卡进行支付。当商家和消费者缺少资金时还可以从乐天银行获取个人贷款。消费者在乐天市场的消费记录可以成为发行信用卡的授信依据。乐天给会员发送促销短信时，可以通过自己的通信公司，降低运营成本。会员可以把自己在乐天银行里的钱用于保险、证券投资等获得更大的收益。门户网站等媒体是乐天的宣传阵地，可以为其培养潜在顾客。再其次，线上和线下融合，O2O 模式初具规模。乐天信用卡和乐天电子货币 Edy（相当于国内的预付卡）不仅可以在线上消费，也可以在线下实体店铺使用，而线下消费获得的积分又能在线上使用，打通了网络和现实世界的通道。最后，统一 ID，深度挖掘会员价值。乐天，会员的多种需求都可以通过一个 ID 实现，消费者感受到乐天 ID 便利的同时，也为乐天贡献了更多的价值。会员通过一个 ID 可以使用乐天所有 40 余种服务，会员属性、商品信息、购买历史、购入金额、购买频次等各种数据通过统一 ID 打通，整合了乐天 40 余种服务数据的数据库"乐天超级 DB"，不仅可以存储数据，还会将数据按照会员的人口属性、地理信息、行为、心理属性等进行分析之后返回"乐天超级 DB"，也就是说让生产数据和分析数据可以共存，然后数据库将分析出来的数据提供给乐天各种服务的 APP。

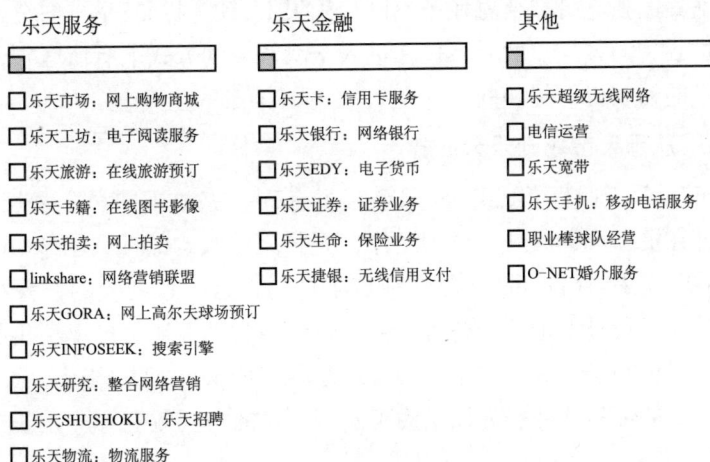

乐天服务	乐天金融	其他
乐天市场：网上购物商城	乐天卡：信用卡服务	乐天超级无线网络
乐天工坊：电子阅读服务	乐天银行：网络银行	电信运营
乐天旅游：在线旅游预订	乐天EDY：电子货币	乐天宽带
乐天书籍：在线图书影像	乐天证券：证券业务	乐手手机：移动电话服务
乐天拍卖：网上拍卖	乐天生命：保险业务	职业棒球队经营
linkshare：网络营销联盟	乐天捷银：无线信用支付	O-NET婚介服务
乐天GORA：网上高尔夫球场预订		
乐天INFOSEEK：搜索引擎		
乐天研究：整合网络营销		
乐天SHUSHOKU：乐天招聘		
乐天物流：物流服务		

图 4　乐天的核心业务

资料来源：乐天企业网站。

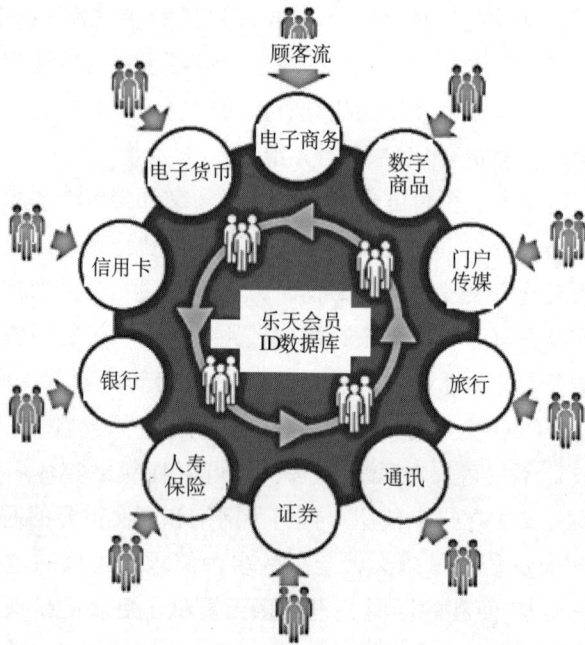

图5　乐天的生态系统

图片来源：乐天企业网站。

2.3　乐天金融的发展历程

与阿里集团独立打造金融业务不同，乐天上市的时间较早，向金融的扩张更多是通过收购的方式。两者不仅在进入金融领域的方式上有所区别，在向金融领域扩张的初衷也不尽相同。

2.3.1　从乐天市场到乐天证券

2003 年，乐天收购 DLJdirect SFG 证券公司，完成了向金融领域的拓展。同年，乐天在资本市场展开一系列运作：先将之前收购的搜索引擎 Infoseek 并入集团，后收购 MyTripe. net 涉足在线旅游市场，这一系列收购，旨在发挥集团的协同效应，通过增加新的核心业务，达到同时扩大地用户规模和业务规模的目的。这三桩并购完成后，乐天的年度净利润增长了 122.6%[①]。

乐天收购的证券业务一方面是为了发挥更大的协同效应：即让证券业务为

① 2009 年度乐集团天财报［EB/OL］http：//global. rakuten. com/corp/investors/documents/annual. html。

"乐天市场"带来更多的会员，同时让"乐天市场"积累的大量会员转化为证券业务的消费者；另一方面乐天也希望通过互联网平台方便大众进行证券投资，积累人气和入口，并通过提供金融服务扩大集团的业务范围，夯实乐天集团发展基石，增加收益机会。

乐天证券的建立，在本质上是利用互联网平台创新传统证券的销售途径，并未触及现代互联网金融的核心领域，但也称得上是乐天金融的萌芽。目前，在日本竞争激烈的互联网证券市场，乐天证券仅次于SBI证券，是日本第二大的网络证券公司。乐天证券主营的业务范围广泛：包括日本国内外股票、信托、债券、国内外期货、外汇、基金、贵金属等。乐天证券能迅速击败竞争对手的主要原因在于乐天的生态系统的核心竞争优势：即面向会员，以乐天积分打通了证券和电商等各种业务，通过乐天证券投资可以获得乐天积分，而积分可以在"乐天市场"购物。两年后，乐天证券新增消费者中乐天会员占比达到6成，电商向网络证券的导流效果明显。

2.3.2 乐天金融的支付宝：乐天信用卡

与中国第三方支付的火爆不同，由于日本的信用体系较为完善，网络支付手段的前三位分别是信用卡、货到付款和银行转账。据日本经济产业省的统计结果，在日本，第三方支付工具目前几乎没有什么市场。

在乐天市场中，近七成以上的交易都是通过使用信用卡来完成支付，信用卡是把控消费资金来源的重要支付手段，因此，掌握信用卡这个支付手段，就拥有对消费资金的主导。信用卡于乐天而言就好比支付宝在阿里的位置一样重要而不可或缺。与中国的信用卡的发行、经营主体不同，日本信用卡业务的行业主体除了银行业以外，还有流通业、制造业、信贩业、中小零售团体、汽车加油业以及像旅行公司、航空公司等几大行业，因此，乐天进军信用卡市场几乎没有任何进入阻碍，一切顺理成章。

2005年，乐天收购信用卡发卡公司国内信贩（Kokunai Shinpan），开始发行信用卡"乐天卡"。乐天信用卡被有机地嵌入乐天的生态系统中：首先，消费者在"乐天市场"的消费记录可以成为发行信用卡的授信依据；其次，持乐天信用卡在"乐天市场"的消费有更多倍的超级积分，利于其兑换乐天的其他业务，加强乐天生态系统的构建；再其次，信用卡业务将为乐天带来手续费收入等营收增长点；最后，信用卡不仅可以在线上消费，也可以在线下消费，线上线下消费获得的积分可以共同使用，一张卡片打通了线上和线下的消费场景，成为乐天O2O战略部署的利器之一，这也是支付宝垂涎的领域。因此，乐天将"乐天信用卡"作为其金融发展的绝对核心，投入了大量的资源。

乐天信用卡的业绩不负众望，2014 年全年，乐天信用卡贡献了 989 亿日元的销售收入，占乐天总销售收入的 17%。乐天市场基于乐天信用卡的 GMV 为 3.5 万亿日元，占乐天市场总 GMV 的一半以上。

2009 年，乐天成立自己乐天 EDY，推出虚拟货币业务及虚拟信用卡业务，EDY，其寓意为欧元 E、美元 D、日语 Y 之外的第四种即虚拟货币。乐天 EDY 卡采用了 Sony 公司的非接触型 IC 卡 FeliCa 技术，可以制成卡片和置于手机系统使用，可与乐天信用卡绑定获得消费积分。用户拿着带有 EDY 的卡或手机可以在乐天市场消费并取得积分，也可直接在地铁，便利店，自动售货机等任何您可以想象得到的地方进行消费。而 EDY 可以使用配套的非接触式读卡器，不同于网银的 U 盾的复杂，以及输密码，手机验证码等一系列繁琐的过程，只需要放置在读卡器上即可，极大地方便了交易的过程。此外，遍及前日本的充值网点，可为 EDY 卡提供便捷的充值业务。这样一来，乐天通过推出自己的信用卡和 EDY 卡，打通了线上线下的支付渠道，扩大了支付业务的受众人群及使用范围，真正实现了 O2O 的业务整合。

2.3.3 日本第一网络银行——乐天银行

乐天在互联网金融领域探索的决心非常坚决，2009 年 2 月，乐天有了自己的网络银行。网络银行又称为虚拟银行，依托于互联网开展银行业务，除了后台处理中心外，一般没有传统银行的分支机构、柜台柜员等业务。

2009 年 2 月乐天收购了日本网络银行 eBANK Corporation，2010 年 5 月将其更名为乐天银行，目前乐天银行是日本最大的网络银行。eBANK Corporation 于 2000 年 1 月成立，2001 年 7 月取得银行牌照，核心业务是互联网结算，当时没有融资业务。2005 年 11 月开始涉足投资信托业务，2006 年 12 月开展外币普通存款业务，汇兑等手续费业界最低，网络银行的低成本为其带来了竞争力。2006 年 eBANK 开始发行借记卡。乐天收购 eBANK 首先是看中其业界领先的支付结算能力，可为乐天数千万会员带来更为便利的支付结算体验；其次是可以充分利用乐天庞大的消费者群体，开发个人贷款、住宅贷款、电子货币等金融产品。依靠乐天庞大的用户优势，eBANK 纳入乐天旗下一年便成功扭亏为盈。

乐天银行的创立取得了巨大的成功，实现了三方共赢。首先，银行吸储功能为乐天带来了大量资金，仅 2014 年度，乐天银行吸收存款 1.2 万亿日元，存款资金池里的钱可以源源不断地为乐天的业务拓展补充能量。其次，对于消费者而言，使用乐天银行提供的服务获取的积分可以用于在线购物等其他服务，通过其他服务获取的积分也可以支付银行手续费。最后，对于在乐天开店的店铺来讲，在乐天银行开户最大的好处就是可以每天收到乐天的结算款项，资金周转迅速。

乐天银行业务账户分为个人、个体业者、企业三类，业务涉及借记卡发行、境内外转账、支付、日元存款、外币存款、发卡、存取款、汇兑业务、个人贷款、住宅贷款等众多领域。乐天银行自己并没有设置 ATM，但其发行的借记卡可以在日本全国大约 60 000 台 ATM 上取款，且无需手续费。

2009 年 4 月，乐天银行推出"超级贷款"（super loan）的个人融资信贷产品，申请人可以是消费者，也可以是个体户。"超级贷款"不限制用途，最高可以获取 500 万日元的贷款，200 万日元以下的贷款不需要提供收入证明，无论是否有正式工作都可以从乐天获取贷款。2014 年全年，乐天银行发放的超级贷款达 2 993 亿日元。

3. 案例使用说明

3.1　教学目的与用途

1. 实用课程：金融学、商业银行管理、电子商务、战略管理
2. 适用对象：金融硕士、国际商务硕士及相关专业本科高年级学生
3. 教学目的：通过对中国的阿里集团和日本乐天集团的互联网金融业务的发展的梳理和内容的介绍，分析互联网金融的实质及特点及其对传统金融机构带来的冲击。同时，通过对两大电商集团生态系统及发展战略的介绍，可比较其异同点和战略运作的特点，以及获得竞争优势的关键。

3.2　启发思考题

1. 互联网如何改变传统金融业？
2. 简述阿里金融对传统银行业务的冲击。
3. 简述互联网金融的发展逻辑。
4. 阿里和乐天从电商平台进军互联网金融，其异同何在？怎样看待金融

的实质？

5. 通过比较阿里金融和乐天金融的业务，试分析不同国家的金融监管体系对互联网金融发展的影响。

3.3　分析思路

1. 传统金融业：金融服务实体经济的最基本功能是融通资金，是将资金从储蓄者转移到投资者手中。资金供需双方的匹配（包括融资金额、期限和风险收益匹配）通过两类中介进行：一类是银行，对应着间接融资模式；另一类是股票和债券市场，对应着直接融资模式。这两类融资模式对资源配置和经济增长有重要作用，但也产生了很大的交易成本，直接体现为银行和券商的利润。2011 年全国银行和券商的利润就达到约 1.4 万亿元。

互联网金融：以互联网为代表的现代信息科技，特别是移动支付、云计算、社交网络和搜索引擎等，将对金融模式产生根本影响，将出现一个既不同于商业银行间接融资，也不同于资本市场直接融资的第三种金融融资模式。在互联网金融模式下，银行、券商和交易所等中介都不起作用，贷款、股票、债券等的发行和交易以及券款支付直接在网上进行，市场充分有效，接近一般均衡定理描述的无金融中介状态。

互联网的特质：信息传播成本趋零；信息处理成本低；客户界面简单直接；信息价值与成本的钟摆：获得并有效使用信息的成本是恒定的。

（1）互联网金融模式下的信息处理：搜索引擎对信息的组织、排序和检索，能缓解信息超载问题，有针对性地满足信息需求；云计算保障信息高速处理能力。在云计算的保障下，资金供需双方信息通过社交网络揭示和传播，被搜索引擎组织和标准化，最终形成时间连续、动态变化的信息序列。有可能给出任何资金需求者（机构）的风险定价或动态违约概率，而且成本极低。这样，金融交易的信息基础（充分条件）就满足了。

（2）互联网金融模式下，支付系统将具有以下根本性特点：所有个人和机构都在中央银行的支付中心（超级网银）开账户（存款和证券登记）；证券、现金等的支付和转移通过移动互联网络进行（手机和移动客户端）；支付清算完全电子化，社会中无现钞流通；二级商业银行账户体系可能不再存在，存款账户都在中央银行，将对货币供给和货币政策产生重大影响。

（3）互联网金融模式下资源配置的特点是：资金供需信息直接在网上发

布并匹配，供需双方直接联系和匹配，不需要经过银行、券商或交易所等中介。在供需信息几乎完全对称、交易成本极低的条件下，互联网金融模式形成了"充分交易可能性集合"，诸如中小企业融资、个人投资渠道等问题就容易解决。在这种资源配置方式下，双方或多方交易可以同时进行，信息充分透明，定价完全竞争（如拍卖式），因此最有效率，社会福利最大化。各种金融产品均可如此交易。这也是一个最公平的市场，供需方均有透明、公平的机会。

（4）基于互联网数据挖掘而产生的征信手段创新，令信贷客户群呈现快速增长：联网金融的本质，不是仅仅作为工具提升交易效率和降低成本，而是通过网络征信的方式，拓展金融业服务的目标人；通过模式创新将过去从未有信用记录的人群纳入金融信用体系，这就使他们梯次接受互联网金融、传统金融服务成为可能。

2. "阿里金融"渗透银行业务的历程。银行三大核心业务"存、贷、汇"；阿里金融通过"支付宝"实现由"电商"到"汇"业务，由"余额宝"实现"汇"到"存"，由"阿里小贷"实现"汇"到"贷"。渗透未来会持续：通过资产证券化打通"存"和"贷"联系；通过"聚宝盘"将平台嵌入小银行体系；通过微博切入移动支付与移动金融。

"阿里金融"成功的核心因素。通过对阿里金融发展历程与最新进展的梳理，其核心成功因素有：（1）平台上搭建平台，不断培育客户新体验；（2）差异化策略：依托平台和互联网，集合小微客户；（3）创造新规则，切入传统金融领域。

"阿里金融"们的经营优势：（VS银行）。（1）"阿里金融们"是平台经济模式，特点包括：双边市场模式不断增加平台的价值和黏度；平台经济的规模效用和长尾效应（规模增加→边际成本减少及边际效用增加→边际价值增加）；以客户为核心进行多点扩张，爆发性增长。（2）"入口"和"账户"的价值。"入口"相对于传统经济的渠道之于。（3）大数据对金融的意义：降低成本和信息不对称

"阿里金融们"做大会面临的瓶颈。（1）监管风险：目前阿里们没有监管，野蛮生长；而银行们监管重重。（2）流动性管理风险：银行有整个体系支持流动性，阿里们能否进入该体系。（3）短期难获取银行主要客户：银行"二八现象"的那20%客户强调信用安全和定制服务。（4）贷款仍难解决信息不对称的问题：潜在贷款客户需在平台内从事主要业务。

结论："阿里金融们"通过新模式会快速成长；一定阶段会面临瓶颈；近期很难对银行有实质性影响；未来影响需持续观察。

风险提示：宏观经济和监管政策。

3.4 建议课堂计划

1. 案例介绍（10 分钟）。
2. 分组讨论（30 分钟）。
3. 小组陈述（30 分钟）。
4. 总结（10 分钟）。
5. 课后计划：让学生下载案例企业近 5 年来的年报及最新资料，跟进其互联网金融业务的发展。

案例 2 "收购"与"反收购","做空"与"轧空"——保时捷的"成功"与"失败"*

案例编写人：杜红艳

摘要：2005～2012 年，保时捷和大众之间发生了一场长达 8 年的收购攻防战，双方利益交错，过程跌宕起伏。原本稳操胜券的保时捷控股，在外部经济危机和内部融资压力的影响下，最终全面收购大众失败，并被大众汽车公司分两次收购保时捷汽车的所有股份，完成反收购。在保时捷收购大众的过程中，许多对冲基金做空大众股票，却被保时捷借助衍生品交易实现轧空，使其在 2008 年获得了极大投资收入，被称为"汽车制造商中的对冲基金"。

关键词：收购；反收购；做空；轧空

引 言

2014 年 3 月 26 日，德国法院驳回包括海岛全球投资者、Glenhill Capital、Greenlight Capital 在内的 20 多个对冲基金对保时捷公司的起诉。其诉讼理由为 2008 年保时捷通过控制股票期权的方式隐瞒了其收购大众汽车的计划，导致对冲基金遭受巨额损失。因此，他们对保时捷公司提出 12 亿欧元的索赔请求。而在此之前，保时捷已就相同理由被基金公司起诉多次。那么，事情到底是怎样的呢？

---

* 此案例获第二届全国金融硕士优秀教学案例奖。

1. 背景介绍

保时捷汽车和大众汽车均渊源颇深，其创始人均为费迪南德·保时捷博士。1931 年，费迪南德·保时捷在斯图加特创建了保时捷博士股份公司（Dr. Ing. h. c. F. Porsche GmbH），专营汽车、飞机及轮船的发动机，1948 年推出第一款保时捷跑车，1966 年生产出第十万辆跑车，1972 年转型成为保时捷汽车有限责任公司（下称 Porsche AG 或保时捷汽车）。2007 年 6 月，成立保时捷控股有限公司（Porsche Automobile Holding SE，下称 Porsche SE 或保时捷控股），持有保时捷汽车 100% 的股份。

大众汽车的前身"德国国民汽车筹备公司"成立于 1937 年，总部位于德国的沃尔夫斯堡，由费迪南德·保时捷博士创立，同年 9 月更名为大众汽车股份有限公司（下称 Volkswagen AG 或大众汽车），现为欧洲最大的汽车公司，同时也是与美国通用、福特和日本丰田并列的全球四大汽车制造商之一。第二次世界大战后，大众公司被英军占领，后移交德国政府接管，成为一家国有企业。1960 年，大众汽车进行股份制改造，联邦政府从中撤出，股权逐渐被私有化。同时，为了保护州政府对大众的控制权，以及防止其不被外国公司兼并收购，联邦政府于 1960 年 7 月 12 日颁布了《关于大众有限责任公司股权转为私有法》（下称《大众法》）的联邦法律。截至 2005 年 8 月，德国下萨克森州政府仍是大众的最大股东，拥有 20.1% 的大众汽车股权。

保时捷和大众虽然都作为汽车生产商，但由于定位不同，二者之间的直接竞争关系较小，并有着较强的合作关系。保时捷约 30% 的零件都由大众供应，且占公司销售额 1/3 的卡宴的底盘也主要采用的是大众的 SUV 底盘。除此之外，两个公司的实际控制人为表兄弟关系，如图 1 所示。费迪南德·保时捷之孙沃尔夫冈·保时捷于 1978 年出任保时捷汽车监事会成员，并于 2007 年出任监事会主席。而其外孙费迪南德·皮耶希于 1993 年成为大众公司的领导，并于 2002 年成为大众监事会主席。因此，在较长的时期内，保时捷汽车是由保时捷家族所控制，而大众汽车则由皮耶希家族所控制。

```
           ┌─────────────────┐
           │  费迪南德·保时捷  │
           └─────────────────┘
       女儿 │                │ 儿子
    ┌──────────────┐   ┌──────────────┐
    │ 路易斯·保时捷 │   │ 费里·保时捷   │
    └──────────────┘   └──────────────┘
       儿子 │                │ 儿子
 ┌────────────────┐   ┌────────────────┐
 │ 费迪南德·皮耶希 │   │ 沃尔夫冈·保时捷 │
 │  大众监事会主席 │   │  保时捷监事会主席 │
 └────────────────┘   └────────────────┘
```

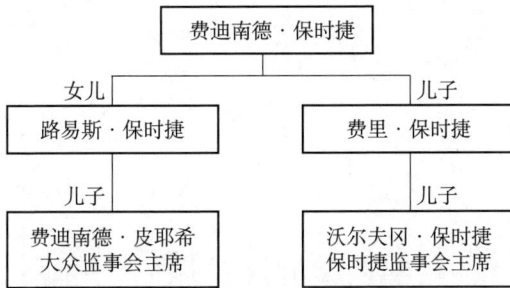

图1　保时捷和皮耶希家族关系

资料来源：作者整理。

2. 保时捷对大众的收购

2.1　宣告收购

自2005年，保时捷开始从二级市场上增持大众汽车的股份，最初公告的理由为稳定零件供应关系，防止成本上升，但其逐步增持的行为最终暴露了收购意图。收购的具体进程如下：

2005年10月7日，保时捷从机构投资者手中增持了8.27%的大众股份，加上已有的10.26%，其对大众的持股总数达到18.53%，并表示将继续购买大众股份；

2006年11月，保时捷再次出资40亿欧元购买大众股份，此时其所持股份已达到27.3%，超越了下萨克森州政府的20.1%，成为大众的第一大股东；

2007年1月，保时捷再次收购3.6%的大众股份，总持股达到30.9%；

2008年9月，保时捷增持大众股份至35.14%；

2008年10月，保时捷对大众的持股比例达到42.6%。

这时，保时捷宣布，公司监事会已经批准将所持大众股份增加至50%以上，如果财务条件允许，将会在2008年底达到75%。此时，保时捷对大众的收购意图昭然若揭。因为保时捷与大众的销量相差巨大，如2007年，大众汽车的销量为620万辆，而保时捷不到10万辆；2011年，二者的销量分比为816万辆和11.8万辆①。业界将其收购行为称为"蛇吞象"。

---

① 数据来源：http://auto.sina.com.cn/news/2008-07-28/0404396384.shtml。

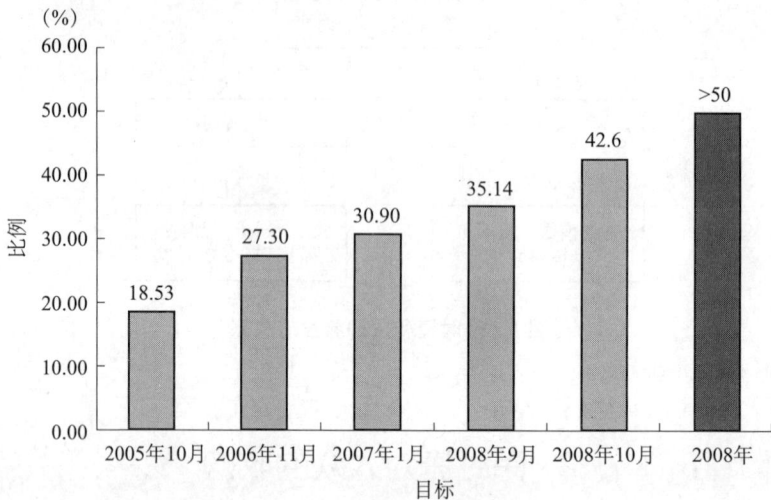

图2　保时捷对大众的持股比例变化

资料来源：http：//www. sohu. com/a/125491392_ 481520。

在保时捷不断增持的过程中，大众的普通股股价呈现出持续上涨的趋势。2008 年 10 月初，大众股价从 2007 年 1 月的不足 100 欧元上涨至接近 300 欧元，而同期德国股市因受到全球金融危机的影响大幅下跌，大众是德国绩优股中唯一逆市上涨的股票。截至 2008 年 7 月，保时捷所持的大众股份产生了约 10 亿欧元的增值收益，大众股价的上升同时也提高了保时捷进一步收购的成本。

2.2　基金做空大众

2.2.1　做空原因

在大众股价持续上涨的趋势下，市场对于保时捷的收购前景却并不看好，如德意志银行的分析报告认为，保时捷这一投资属于财务投资，即使未来会为股东带来收益，但因投资金额过大，可能会影响公司的正常运营，由保时捷的股东从二级市场购买大众汽车的股票也可以达到同样的投资目的。同时，市场也认为保时捷的收购行为并不会成功，大量对冲基金参与"空众"（做空大众）行为，据说这是自 1997 年索罗斯组团攻击亚洲货币以来，最大规模的一次"秃鹰"集结（秃鹰，即专事放空者）。其大量做空大众的原因主要包括以下两点。

一是《大众法》的阻碍。

如前文所述，为了防止大众股权被国外企业收购，德国联邦政府专门为其出台了《大众法》，该法案对大众非政府股东的表决权进行了限制。《大众法》

总共有 14 条，但其中的 5～12 条早已废止，对大众股东的股权限制主要有以下内容①：

>"单一股东持有大众公司股份超过总股本 20% 的，其表决权以全部表决权的 20% 为上限。而且，某个股东的关联公司或个人持有的股票也被视为由该股东实际拥有。"

——《大众法》第二条

>"德国政府和大众总部所在的下萨克森州只要持有大众公司一股股票，便有权分别向公司监事会派遣两位监事。"

>"按照股份法规定须经出席股东大会的股东所持表决权的四分之三多数通过的决议，在大众公司需要五分之四以上多数方可通过。"

——《大众法》第四条

对于普通企业，《公司法》规定只要单一股东持股超过 75%，就能取得其控制权，收购企业就可以合并目标企业的财务报表，并动用目标企业的现金。但是对于大众公司，想要取得其控制权，必须持股超过 80%。由于下萨克森州政府持股 20% 以上，且从法律上讲，州政府只是代全体纳税人持股，如果要释出该部分股权，需要提交议会表决。所以，在州政府不会释出股权的前提下，任何企业都无法拥有大众的实质控制权，《大众法》成为保时捷收购大众的最大障碍。虽然在 2004 年 10 月，欧盟委员会就《大众法》违法了《反垄断法》向欧洲法院提起诉讼，但考虑到诉讼难度较高，以及法律修订的影响，该法案是否被废除还存在很大的不确定性。

因此，在《大众法》没有失效的前提下，保时捷不可能拥有大众的实际控制权。而随着大众的股价越来越高，其收购的成本会进一步增加。所以，很多对冲基金认为保时捷没有动力将其对大众的持股比例提升至 50% 以上。在保时捷停止增持大众股票时，大众普通股股价将会回归至合理水平。因此，基金巨头们纷纷做空大众普通股。

二是《证交法》的规定。

即便欧盟委员会诉讼成功，大众法被废除，保时捷存在持有 75% 的大众股权、实际控制大众的可能性，但是，对冲基金依然选择做空大众普通股。因为德国的另一部法律《证交法》规定："通过买入股票对一家上市公司持股超过 30% 之后，如再增持便属要约收购，必须公告"。在此规定下，保时捷对大

---

① 资料来源：http://www.p5w.net/news/cjxw/2006-12/t678656.htm。

众的持股超过 30% 时，再增持大众股份，就必须要随时披露其信息。而 30% 离 75%（保时捷拥有大众控制权）还有较大的距离，市场也会有较长的时间去反映其变化，空头们完全可以静观其变、相继离场。

2.2.2 做空行为

虽然 2007 年 11 月，欧洲法院裁定，《大众法》与欧盟有关法律相左，建议废止该法，但是德国政府在接收到欧洲法院的裁定后，并没有立即废除，而是在 2008 年对其进行了修订，称为新《大众法》。新《大众法》废除了原法的第二条，即取消了对股东的表决权限制，但仍然坚持"下萨克森州仍然具有一票否决权，公司的重大决议须由固定大会超过 80% +1 股的多数通过"。根据此规定，即便保时捷持股超过 50% 或 75%，依然不能享有对大众的单独经营决策权。同时，考虑到《证交法》对保时捷收购行为的披露要求，对冲基金有较长的时间选择平仓，所以开始通过融券卖空和衍生品做空大众股票。

在做空行为的影响下，大众股价出现下跌。至 2008 年 10 月 24 日，大众股价自 10 月 16 日的 400 多欧元，下跌至 210 欧元。在 10 月 20 日当天，大众股价暴跌 23%，为近 20 年来最大的单日跌幅。与此同时，当保时捷对大众的持股比例达到 42.6% 后，就再也没有进一步提高，于是对冲基金进一步加大做空程度。至 2008 年 10 月 23 日，大众的空单余额达到历史最高峰，占到大众流通盘的 12.9%，相当于总股本的 10.4%。

2.3 保时捷的轧空

2008 年 10 月 26 日，星期日，保时捷公司宣告其对大众汽车的持股比例已达到总股本的 74.1%，远远超过对冲基金所知道的 42.6%，引起了市场的极大恐慌。保时捷实现如此高持股比例的方法有两个，一是在二级市场上增持，在达到 42.6% 以后停止了购买；二是在衍生品市场购买大众的看涨期权，通过此方式锁定了 31.5% 的大众流通股买权。为什么保时捷可以不披露其期权购买行为呢？因为在法兰克福市场上，衍生品的交易披露机制不同于普通股票。对于期权交易有一项极为特殊的规定，如果买方买入看涨期权是按全额价款支付期权费，而不使用杠杆融资，那么由买方决定何时公布其期权仓位，不管其已经持有了多少目标股份。正是利用此项交易规则，保时捷隐瞒了其对大众的真实持仓头寸，而在 10 月 26 日给出了关键一击。

此时，空头们面临着如下现状：保时捷持有 31.5% 的大众看涨期权，

42.6%的股票,下萨克森州政府持有20.1%的股票,及其在2008年6月又增持的50万股。理论上,如果以上股份不释出,空头们可用于平仓的大众股票已不足总股数的6%,而空仓总头寸却达到总股数的10.4%,这形成了极端轧空局面。因为法兰克福市场不允许无券放空,卖空方必须回补空单。在轧空局面下,可以交易股票数少于空单总量,所以理论上标的股价可以上升至无限高。

2008年10月27日,空头们为了抢先平仓,避免落入无券可补的局面,疯狂购入大众股票,导致法兰克福市场上的大众股价盘中一度上升至600多欧元,收盘价为471欧元,单日涨幅达到124%,成交量372 168股。2008年10月28日,暴涨行情继续,盘中股价升至990欧元,收盘价为919.5欧元,涨幅高达95.22%,交易量为695 134股。若按此股价计算,大众的市值将超过美国埃克森——美孚公司,成为全球市值最大的公司。

为了提高大众股票的流动性,避免市场价格过度扭曲,2008年10月29日,保时捷主动释出其所持有的5%大众股权,让空头买入平仓,当日大众收盘股价回归至514.6欧元。此后,大众股价逐渐下降,2008年12月底,已下降至250欧元左右。

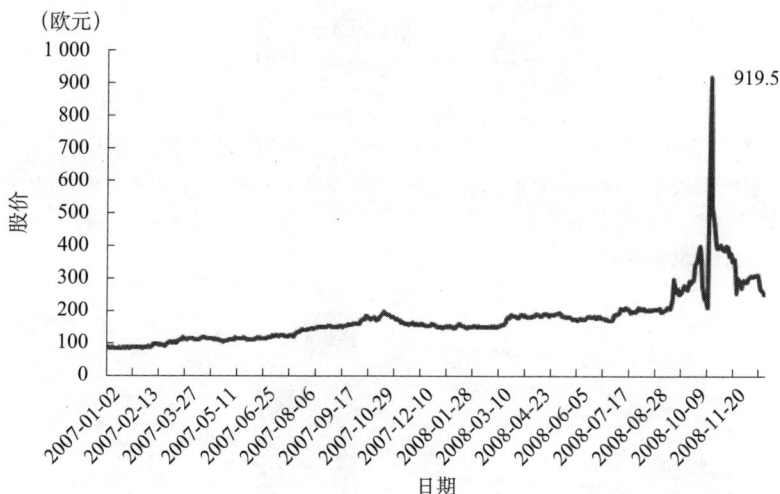

图3 大众股票日收盘价

资料来源:Wind数据库。

据业内人士估计,本次"逼空战"至少能为保时捷带来数十亿欧元的收益,而对冲基金则遭遇了巨大损失,一些小型对冲基金甚至破产倒闭。保时捷汽车的财务报表显示,其在2007/2008财年的销售收入为74.6亿欧元,而税前利润达到85.7亿欧元,超过销售收入,同比上涨46%,如图4所示。同时,其 2008/2009 财年上半年的财务报告也显示，截至 2009 年 1 月底，虽然公司的销售额同比下降了 12.7%，但税前利润却由去年同期的 16.6 亿欧元上升至 73.4 亿欧元，增幅达到 342%，如图 5 所示。据估计，保时捷 2008/2009 财年上半年 93% 的税前利润来自其所持大众股票的增值收益以及期权业务的获益。德国媒体因此称保时捷为德国最大的不务正业的企业，也是德国最大的对冲基金。而与此同时，2009 年 1 月，保时捷持有的大众股份数也达到 50.7%，保时捷控股、保时捷汽车和大众汽车之间的股权关系如图 6 所示。

（亿欧元）

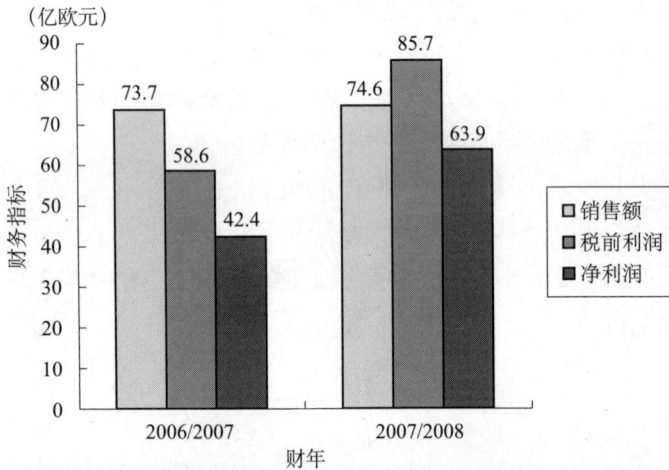

图 4 保时捷 2006/2007 财年，2007/2008 财年财务指标对比

资料来源：林志轩．保时捷收购大众：一场收购与被收购的游戏．产业经济报道．2009（5）：16-20.

（亿欧元）

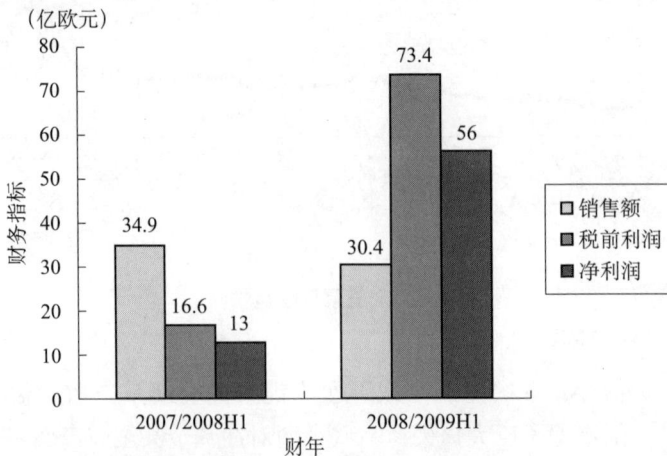

图 5 保时捷 2007/2008 财年，2009/2009 财年上半年财务指标对比

资料来源：林志轩．保时捷收购大众：一场收购与被收购的游戏．产业经济报道．2009（5）：16-20.

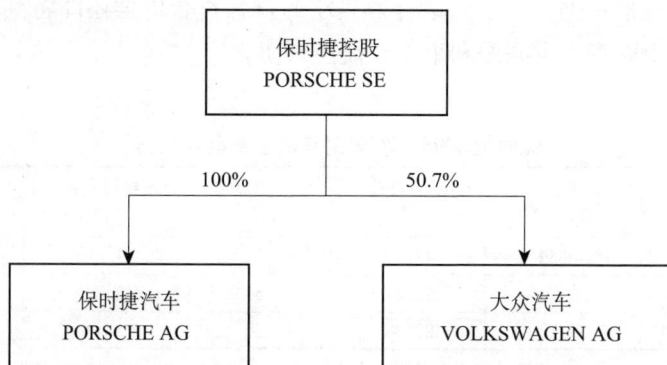

图 6 收购阶段保时捷和大众的股权关系
资料来源：http：//info. xcar. com. cn/2012 - 07/news_ 557426_ 1. html? viewtype = all。

3. 大众对保时捷的反收购

3.1 保时捷的财务困境

正当保时捷在金融市场春风得意之际，其汽车经营业绩在全球金融风暴的影响下出现了严重下滑，因杠杆收购大众带来的财务风险也逐渐显现，极大地影响了其收购进程。

一是金融危机下的汽车销量下滑。保时捷和大众都是汽车制造商，但是由于定位不同，前者专注于生产高端汽车，后者的大部分业务布局于中低端产品，金融危机对于二者的冲击有显著差异。在 2008/2009 财年的前 9 个月，保时捷的销量同比下降了 27.6%，营业收入则同比下降了 15%；而截至 2009 年11 月，大众汽车的全球销量达到了 585 万辆，同比增长 210%。二者此消彼长，进一步增加了保时捷对大众的收购难度。

二是保时捷的融资能力下降。从表 1 中可以看出，自保时捷 2005 年增持大众股票以来，其负债水平逐渐上升。其中，长期负债从 2005/2006 年度的约50 亿欧元上涨至 2007/2008 年度的约 59.8 亿欧元，上涨幅度为 18.39%，其流动负债则出现了大幅上涨，2006/2007 年度和 2007/2008 年度，分别上涨了94.91% 和 174.70%。而且，在 2007/2008 年度的负债结构中，流动负债占比为 79.18%。在保时捷销售业绩下滑、债务高企的同时，受金融危机的影响，各大银行都银根紧缩，为了向银行筹集新的贷款资金以偿还即将到期的负债，保时捷不得不同意以更高的利率以新债换旧债。

表1　　　　　　　　　保时捷 2005～2008 财年的主要财务数据

会计年度	长期负债（亿欧元）	流动负债（亿欧元）	资产负债率（%）	财务费用（亿欧元）	现金流量比率
2005/2006	50.54	42.49	64	1.990	0.49
2006/2007	55.70	82.81	59	2.72	0.23
2007/2008	59.83	227.48	63	5.48	-0.13

资料来源：黄爱华. 大众反并购保时捷的分析与启示. 致富时代. 2010（12）：60-61.

随着短期债务的逐步到期以及大众期权执行日期的逼近，保时捷的财务风险被再次激化。但此时，其债权融资通道也被再次堵塞，部分银行甚至收紧了对它的经营性生产资料贷款的发放。2009 年 5 月，保时捷公司宣告暂停全面收购大众汽车的计划，并被迫向政府申请救援，甚至向国有德国复兴信贷银行申请以中小企业为主要对象的救助基金，后被其拒绝。时任下萨克森州的州长克里斯汀·沃尔夫（Christian Wulff）就此评论说："要国家救助一家过去几年来靠着衍生品金融业务发财并且使利润超过销售额的公司简直就是荒唐至极，国家要用钱的地方很多，但不会去帮助烫平有人在金融市场欠下的赌债。"

3.2　大众的反守为攻

在保时捷控股濒临破产边缘之际，大众汽车向其提出了要约收购，经过多次协商，二者于 2009 年 8 月达成了一揽子复杂合资协议。协议内容如下：大众汽车以 39 亿欧元价格购得保时捷汽车的 49.9% 股权，并通过中间控股公司控制这部分股权，保时捷控股控制其余的 50.1% 股权。同时，保时捷控股公司可以对剩余的 50.1% 股权行使认沽权限，期限为 2012 年 11 月 15 日至 2013 年 1 月 14 日之间，或者 2014 年 12 月 1 日至 2015 年 1 月 31 日之间。大众汽车可行使相应的认购权买下这 50.1% 股权，期限为 2013 年 3 月 1 日至 2013 年 4 月 30 日之间，或者 2014 年 8 月 1 日至 2014 年 9 月 30 日之间。

2009 年 12 月，大众汽车完成了对保时捷汽车的第一步收购行为，即出资 39 亿欧元取得保时捷汽车 49.9% 的股权，此时双方的股份关系如图 7 所示。

2012 年 7 月 4 日,大众汽车突然宣布他们提前行使之前协议中规定的认购权,发起了对保时捷汽车的新一轮收购行动。大众汽车对保时捷控股支付 44.6 亿欧元,以购买其子公司保时捷汽车 50.1% 的股权。在此同时,大众还授予保时捷一股普通表决权股股票,这使双方绕开了此次合并面临的巨额税费问题。也因此,斯图加特地方税务部门裁定本次大众汽车发起的收购行为实际上属于企业重组,而不是实际意义上的收购。合并计划将在 8 月完成,届时保时捷汽车股权将全部收归大众汽车集团所有,结束"同宗不合体"的局面,双方的股权关系如图 8 所示。

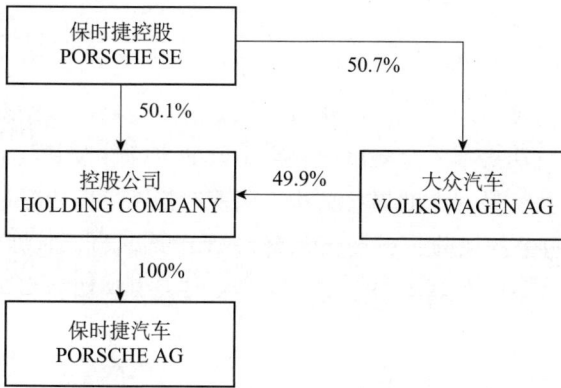

图7 反收购第一阶段大众和保时捷的股权关系

资料来源:http://www.china2car.com/news/morel/44075。

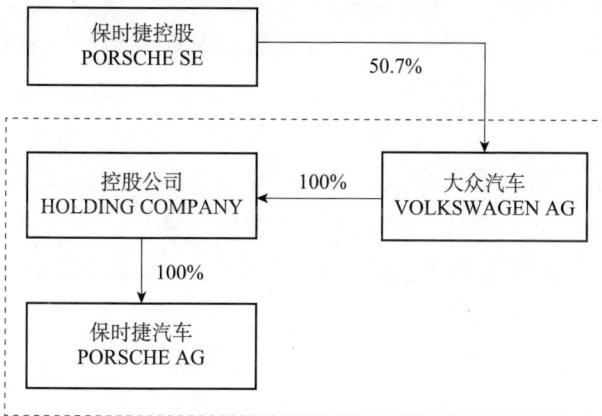

图8 反收购第二阶段大众和保时捷的股权关系

资料来源:http://www.china2car.com/news/morel/44075/。

4. 案例使用说明

4.1 教学目的与用途

1. 适用课程：衍生金融工具、金融工程、投资学、企业战略管理

2. 适用对象：金融学、投资学、金融工程等相关专业本科高年级学生及研究生学习。

3. 教学目的：本案例总结保时捷汽车与大众汽车的并购交易进程，以及在此过程中对冲基金与保时捷汽车就大众汽车股票价格的多空对赌。保时捷汽车在金融市场的成功揭示了金融市场看空手段的多样性及其巨大的交割风险以及期权交易机制及交易双方的损益结构。而保时捷在并购市场的失败则揭示了"蛇吞象"型收购中的风险，以及市场环境对其的影响。通过本案例的分析，可以使学生进一步认识到各类金融衍生品的特征及其风险，也可以为企业实现成功收购提供启示和借鉴。

具体目标包括以下三个方面：

（1）基于对冲基金在做空大众股票中所采用的手段和所遭受的损失，使学生理解直接融券卖空和利用期权看空的不同做空方式，以及不同方式下的交易规则和各个环节的风险，特别是交割环节的风险。

（2）基于保时捷在收购大众过程中所采用的购买股票现货和看涨期权两种方式，使学生理解持有股票和期权的不同成本和收益结构，以及两种方式的风险特征。

（3）基于保时捷在收购大众过程中所面临的各种问题以及最终失败的结果，使学生总结出"蛇吞象"型收购中，收购企业可能面临的各种问题，并探讨规避和解决相关问题的方法。

4.2 启发思考题

1. 对冲基金做空大众股票的手段有哪些？不同手段的收益和风险有何差别？

2. 保时捷通过购置大众的股票和看涨期权来锁定保时捷的股票，二者有

什么区别，持有期权等同于持有股票吗？

3. 对冲基金被轧空局面是怎么形成的？如何防止轧空？

4. 保时捷全面收购大众失败的主要原因是什么？

5. 保时捷汽车被大众汽车完全控股，这意味着保时捷在收购中失败了吗？它完全失去控制权了吗？

4.3 分析思路

本案例分析的基本思路是先按照时间顺序厘清保时捷和大众的收购进程，以及在此过程中保时捷、大众以及对冲基金等各方的行为及其成败的原因。

1. 分析在保时捷暴露其对大众的收购意图时，美国和欧洲的各大对冲基金看空大众的原因，了解市场对于并购案的反应，特别是预期并购失败时的反应；

2. 分析在对冲基金看空大众时，保时捷在资本市场上的反应及其原因；

3. 分析保时捷和对冲基金在对赌中的成败及其关键影响因素；

4. 分析大众在面临保时捷的要约收购时所处的环境和反应；

5. 分析保时捷在面临大众的反收购要约时所处的环境和反应。

4.4 理论依据与分析

4.4.1 理论依据

（1）期权的定义、分类及收益结构。期权，是一种选择权，是衍生金融工具的一种。期权的买方通过支付一定的期权费用取得在未来某段时间内（美式期权）或某个时点上（欧式期权），以约定价格购买或卖出约定数量的标的资产的权利。

以欧式期权为例，按照权利不同，可分为看涨期权和看跌期权，看涨期权（call option）是指期权的买方通过支付权利金可以在合约到期时，按照规定的执行价格向期权的卖方买入一定数量标的资产的权利。这个权利可以执行，也可以不执行。如果看涨期权的买方选择执行期权，看涨期权的卖方有义务在规定时间，按照合约规定的价格向买方出售一定数量的标的资产。看跌期权（put option）则是指期权的买方通过支付权利金可以在合约到期时，按照规定的执行价格向期权的卖方出售一定数量标的资产的权利。如果看跌期权的买方选择执行该权利，卖方必须按照规定价格购买一定数量的标的资产。

期权的交割有现金交割和实物交割两种方式。实物交割是指在期权合约到期后，看涨认购期权的买方支付现金买入标的资产，看涨期权的卖方收入现金卖出标的资产，或看跌期权的买方卖出标的资产收入现金，看跌期权的卖方买入标的资产并支付现金。现金交割是指期权买卖双方按照结算价格以现金的形式支付价差，不涉及标的资产的转让。一般而言，对于个股期权，大多会采用实物交割的方式，而对于股指期权则采用现金交割，避免一篮子股票组合的转让。

无论是看涨期权还是看跌期权，投资者都可以通过买入或卖出来建立交易头寸，达到对冲风险或是承担风险、获取收益的目的。在不同的交易策略下，投资者的成本和收益也有较大的区别。对于看涨期权的买入者和卖出者，其收益结构如图 9 所示。从图 9 中可以看出，看涨期权的买方的收益为 $\max$（$-C$，$S_T - S_0 - C$），其最大损失为期权费，而收益无上限；反之，对于看涨期权的卖方，其收益为 $\min$（C，$C + S_0 - S_T$），其最大收益为期权费，而损失无下限。因此，如果卖出看涨期权，在标的资产价格快速上涨时，期权的卖方会承受巨大损失。

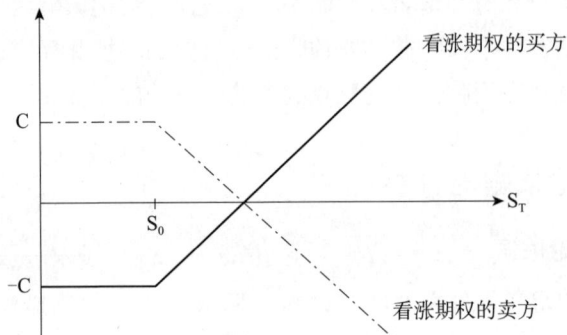

图 9　看涨期权买卖双方的收益结构

对于看跌期权，买卖双方的收益如图 10 所示。对于看跌期权的买方，其收益为 $\max$（$-P$，$S_0 - S_T - P$），其最大损失为期权费，最大收益为 $S_0 - P$，即标的资产股价跌为 0 时；对于看跌期权的卖方，其收益为 $\min$（P，$P + S_T - S_0$），其最大收益为期权费 P，最大损失为 $P - S_0$。可以看出，看跌期权的买方的收益有上限，而卖方的损失有下限。

（2）卖空的定义、分类及交易规则。卖空是指投资者在自身未持有证券的情况下，通过向证券持有者借入证券，将其卖出，并在将来证券价格下跌时将其买回平仓的一种交易机制。卖空机制的存在有助于稳定金融产品的价格，同时可以为投资者提供更丰富的风险管理方式。

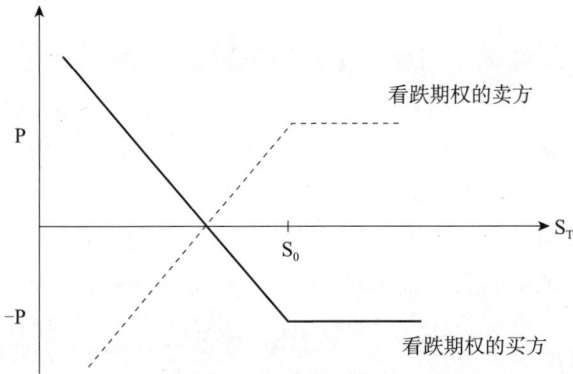

图 10　看跌期权买卖双方的收益结构

　　投资者在看空某项金融资产时，可以选择融券卖空、期货卖空和裸卖空三种方式。其中，融券卖空是股票市场的做空机制，是指投资者自身没有持有标的股票，而是从经纪人、信托公司、证券公司等金融机构借入股票进行卖空，在我国被称为"融券"。融券卖空需要在发生实际交割前，将卖出的证券如数补进，只结清差价即可。融券卖空的收益结构如图 11 所示，融券卖空者的收益为 $S_0 - S_T$。

　　期货卖空是期货市场的做空机制，是指投资者卖出标准的期货合约，与期货的买方约定在将来的某一特定时间和地点，交割一定数量的标的资产。投资者可以选择将合约持有到期，进行实物交割，也可以在合约到期前通过反向交易平仓。在期货卖空中，投资者不需要借入证券，只需在到期前购入证券进行交割即可。一般情况下，股票市场较少存在个股的股票期货，因此，采用融券卖空的情形较多。

　　裸卖空是指不存在标的资产的期货，投资者也没有借入证券，而是直接在市场上卖出根本不存在的证券，在交割日前将其买回即可。

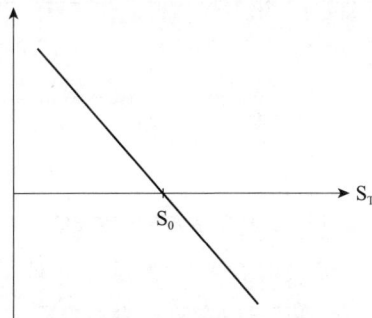

图 11　融券卖空的收益结构

这三者的区别是：

（1）违约风险不同。期货卖空卖出的合约，而融券卖空和裸卖空卖出的是现券。因为裸卖空在交割日之前不需借入股票，如果裸卖空数量太大，很可能导致卖空者在交割日无法借入股票或以合理价格借到股票用于交付，产生违约风险，而融券卖空并未增加标的资产供给量。

（2）监管程度不同。三种卖空方式都可以采用杠杆交易，但是期货卖空采取了严格的保证金制度，监管较为严格；融券卖空的投资者需要向证券的提供方缴纳保证金，也会受到一定的管制；但裸卖空却极不透明，很容易发生违约事件。

（3）交割方式不同。期货卖空大多通过反向交易平仓，而融券卖空必须买入股票来平仓，裸卖空也必须买入股票进行交割。

4.4.2 具体分析

（1）对冲基金做空大众股票的手段有哪些？不同手段的收益和风险有何差别？

对冲基金主要是在期权市场和现货市场做空大众股票。由于德国法兰克福市场禁止"无券卖空"，即"裸卖空"，所以对冲基金采用的手段可以包括：在现货市场融券卖空；在期权市场买入看跌期权和卖出看涨期权。三者的收益结构如图 12 所示。

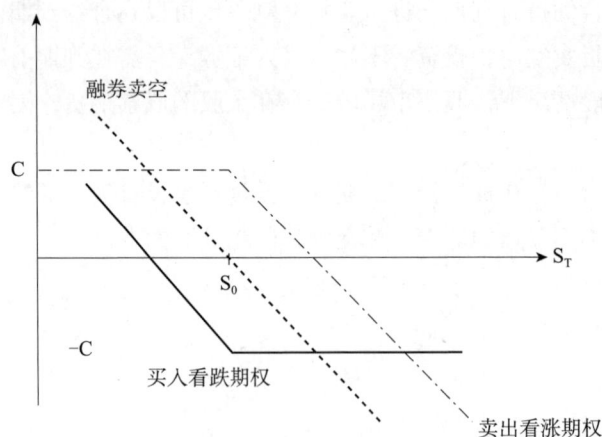

图 12　三种做空方式的收益结构

从图 12 中可以看出，买入看跌期权需要付出期权费，但收益相对较高；卖出看涨期权，收入期权费，但损失有可能没有上限。融券卖空不需要支付权利费用，其收益高于买入看跌期权，而损失也高于卖出看涨期权。所以融券卖空对于投资者而言，收益的波动范围最大。从交割方式来看，融券卖空和卖出看涨期权都需要买入股票进行实物交割，如果市场可交易股票数量变少，这二者都有违约风险。买入看跌期权交割的权利在买方手中，甚至可以选择不交割。

在保时捷收购大众的过程中，参与做空行为的对冲基金都坚信大众股票很快会下跌。特别是在2008年10月24日左右，在综合考虑了《大众法》的影响，金融危机对保时捷销量的影响，保时捷已公布的对大众的持股数等方面，他们都相信保时捷的收购不会成功，所以大多数选择融券卖空或卖出看涨期权这两种无成本的方式来做空大众，为自己埋下了可能的交割风险。

（2）保时捷通过购置大众的股票和看涨期权来锁定保时捷的股权，二者有什么区别，持有期权等同于持有股票吗？

持有股票和持有看涨期权的区别之处在于：享有的权利不同。持有大众的股票，保时捷已拥有相应股份的投票权、决策权和收益权等权利。而持有大众的股票看涨期权，此时享有的是在期权到期日按照合约规定的价格购买一定数量大众股票的权利，期权的标的股票在期权执行之前仍在期权的卖方手中，此时他会拥有相应股票对应的投票权和决策权等。这需要保时捷在期权合约到期日再支付执行价格来购买股票，会给保时捷带来较大的财务压力。如果保时捷在到期日执行了期权，那么期权权利转化为股权，如果不执行，则损失期权费。

持股股票和持有看涨期权的共同之处在于：二者都可以在一定时期内锁定大众的股票，使其控制在保时捷的手中，不进入流通。对于保时捷所持有的股票来讲，它自身可以控制其是否出售或何时以何价出售；而对于其持有的看涨期权，由于看涨期权的交割权利在保时捷手中，在期权到期之间，卖方无法对标的资产作其他处理。而且，因为期权费相对普通股股价会便宜很多，所以保时捷通过看涨期权来锁定大众31.5%股权，其实是以相对较低的成本控制了大众的股票流通量，对空方形成有效的逼空之势。

（3）对冲基金被轧空局面是怎么形成的？如何防止轧空？

对冲基金的轧空局面形成主要有两方面的原因：一是对冲基金过度做空，特别是过度依赖于融券卖空和卖出看涨期权做空，这两种做空方式都需要在交割前将大众股票买回进行平仓；二是保时捷通过增持股票和买入看涨期权的方式锁定了一定日期内大众股份的流通量，使得可交易股份数远远小于对冲基金需要回补的数量。此时，对冲基金如要平仓，就必须从保时捷手中购入股票，而是否出售股票以及以何价位出售，完全控制在保时捷手中。

一般情况下，这种极端轧空局面比较难以形成，主要见于流通盘较小的股票，多方容易操纵其股价，可以使其股价在短期内急速上升，迫使做空者买入平仓。因此，作为做空投资者，要预防轧空，一方面，要谨慎做空流通量较小的股票或期货，另一方面，要随时关注可交易证券余额，防止落入无券可补的境地。

（4）保时捷全面收购大众失败的主要原因是什么？

保时捷全面收购大众失败的原因主要有以下几点：

一是金融危机的影响。2008 年爆发的金融危机对全球的金融系统和实体经济都产生了剧烈的冲击，各行各业都受到了不同的影响。而不同的企业，因其产品定位、销售地域的区别，受到的影响也有差异。保时捷因其定位高端，属于汽车中的奢侈品，受冲击较为严重，在 2009 年，其销量出现严重下滑。而大众因其定位为中低端，受冲击程度较小，特别是它在中国市场有非常好的表现。在金融危机之后，全球机车市场都出现了下滑，但中国市场的销量却不断上升。如大众汽车在 2009 年共向客户交付了 627 万辆车，比 2008 年的 623 万辆上升了 1.1%。但在中国内地和中国香港地区，其 2009 年的交付量比 2008 年上升了 36.7%，显著高于总体水平①。但是，保时捷却并没有大规模进入中国市场，失去中国市场也在一定程度上给保时捷带来了潜在的损失。

二是自身现金流的断裂。自 2005 年开始计划收购大众以来，保时捷通过借贷融资使其负债水平不断上升，特别是在 2008 年，为了在公开市场上购买大众股票，以及秘密增持大众股票期权，保时捷需要大额资金。特别是在期权市场上，为了不公布其所持有的期权仓位，保时捷必须要用现金结算全部的期权费，这需要占用一大笔资金。而在大部分情况下，投资者都会采用杠杆融资的方式来支付期权费用，降低资金成本。因此，在这种情况下，保时捷向多家银行组成的银团融资了上百亿欧元用于资本市场操作。但不利的是，它的融资结构中接近 80% 都是短期负债，高额的利息和即将到期的本金，再加企业盈利能力的下降，使其财务风险在短期内被激化，无力再进行收购行为。

（5）保时捷汽车被大众汽车完全控股，这意味着保时捷在收购中失败了吗？它完全失去控制权了吗？

首先，我们要区分保时捷控股（Porsche SE）和保时捷汽车（Porsche AG）

---

① 数据来源：http：//auto. sina. com. cn/news/2010 - 01 - 13/1841558723. shtml。

两家公司。保时捷控股是 2007 年建立的,其目的就在于收购大众。在建立之初,它就持有保时捷汽车 100% 的股份。截至 2009 年 1 月,保时捷控股已经持有大众汽车 50.7% 的股份,这个持股比例一直没有变化。而大众汽车开启的反收购进程,其收购对象是保时捷控股旗下的保时捷汽车,至 2012 年,它完成了收购,此时虽然大众汽车持有保时捷汽车 100% 的股份,但保时捷控股仍然持有大众汽车 50.7% 的股份,而间接的,保时捷控股依然拥有保时捷汽车 50.7% 的股权[①]。虽然随着反收购的进行,保时捷控股逐渐降低了对保时捷的持股比例,但并未失去控制权。从这个角度来看,保时捷在于大众的收购案中并未失败,二者之间并不是谁吞并了谁,而是实现了合并,这可以使它们在产品研发、采购、生产和销售领域进一步合作,实现优势互补、资源共享,最终达到共赢的目的(见表 2)。

表 2   保时捷控股在不同阶段对保时捷企业和大众汽车的持股比例

阶段	保时捷汽车 PORSCHE AG	大众汽车 VOLKSWAGEN AG
2009.01	100%	50.70%
2009.12	50.1% + 49.9% * 50.7% = 75%	50.70%
2012.08	50.7% * 100% = 50.70%	50.70%

资料来源:http:www.china2car.com/news/morel/44075/。

4.5 关键要点

本案例分析关键在于掌握资本市场各类产品的交易规则和交易策略,产品类别主要涵盖股票和期权。掌握不同的做多方式和做空方式的成本、收益以及可能面临的风险等。

4.6 案例的后续发展

因为在保时捷收购大众的过程中,许多对冲基金做空大众股票,并因保时捷通过期权秘密增持大众股份而遭受巨额损失。2009 年,多家对冲基金公司多次联合起来向美国联邦法院上诉,称保时捷控股公司涉嫌使用欺诈手段来垄

---

① 数据来源:http://info.xcar.com.cn/201207/news_ 557426_ 1.html? viewtype = all。

断市场，对其造成了巨大损失，索赔金额高达几十亿欧元，但均被法官驳回。截至 2015 年 3 月，对冲基金的申诉已被累计驳回五次。

4.7 建议课堂计划

本案例可以作为专门的案例讨论课来进行，如下是按照时间进度提供的课堂计划。建议整个案例课的课堂时间控制在 90 分钟左右。

1. 课前：提出分析思路以及启发思考题，请学生在课前完成阅读和初步思考。

2. 课中：

案例介绍（10 分钟）

分组讨论（30 分钟）

小组发言（30 分钟）

引导全班进一步讨论，并进行总结（20 分钟）

3. 课后：要求学生收集另一企业的并购案例，并分析其收购手段、金融市场的反应以及过程中的风险。

案例3 地方政府债务管理——以四川省为例

案例编写人：郑长德 谭余夏 王柄权

摘要：依照《中华人民共和国预算法》《国务院关于深化预算管理制度改革的决定》《国务院关于加强地方政府性债务管理的意见》的规定，四川省结合实际情况，于2015年1月9日出台了《四川省政府性债务管理办法》（以下简称《办法》）。本案例描述了我国地方政府性债务快速增长的背景，总结了地方政府债务特征以及四川省政府债务的概况，回顾了《四川省政府性债务管理办法》出台的过程。通过重现《办法》的来龙去脉，旨在分析债务累积的原因以及债务高速增长给我国财政系统与宏观金融可能带来的危害的基础上，以四川省为例，说明《办法》出台的必然性与及时性，综合运用激励理论和合同理论分析《办法》的有效性，并对《办法》出台的后续待解决的问题进行简要分析。

关键词：《四川省政府性债务管理办法》；地方政府性债务

引 言

近年来，各级地方政府性债务连年增加，据审计署发布的调查结果，截至2010年底，全国地方政府性债务余额107 174.91亿元，其中政府负有偿还责任的债务67 109.51亿元，政府负有担保责任的或有债务23 369.74亿元，政府可能承担一定救助责任的其他相关债务16 695.66亿元①。而到2012年底，政府负有偿还责任的债务96 281.87亿元，政府负有担保责任的或有债务

---

① 全国地方政府性债务审计结果，http://www.gov.cn/zwgk/2011-06/27/content_ 1893782.htm.

27 707.00亿元，政府可能承担一定救助责任的其他相关债务59 326.32亿元。相对于2010年分别增长43.5%，18.5%，255%。截至2013年6月底，这些数字分别为108 859.17亿元、26 655.77亿元、43 393.72亿元①。由此可见，地方政府性债务规模巨大，并持续高速增长。一时间，地方政府性债务备受各界关注，中央经济工作会议、中央金融工作会议也多次关注地方政府性债务风险的防范，为此，2014年修改了《预算法》，并出台了多个相关文件（《国务院关于加强地方政府性债务管理的意见》等），为地方政府性债务的管理指明了方向。就四川省而言，2013年四川省政府性债务审计结果显示，2012年底，政府负有偿还责任的债务5 533.59亿元，政府负有担保责任的或有债务1 585.07亿元，政府可能承担一定救助责任的其他相关债务884.12亿元。而截至2013年6月底，地方政府负有偿还责任的债务6 530.98亿元，负有担保责任的债务1 650.90亿元，可能承担一定救助责任的债务1 047.74亿元，债务规模也呈现增长的态势②。鉴于此，遵照新《预算法》和《国务院关于加强地方政府性债务管理意见》的指导，四川省政府组织起草了《四川省政府性债务管理办法》，并在第73次省政府常务会议中通过，为四川省地方政府性现存债务的化解及未来债务的管理作出了明确的规定。

1. 地方政府债务形成的背景

1.1 分税制改革与我国特殊的经济发展阶段

我国1994年开始的分税制改革是一种财政分权改革，分税制改革的主要目的在于提高两个比重，特别是中央财政收入占整个财政收入的比重。1994年的分税制将税收划分为中央税、地方税和中央地方共享税。税收的组织机构将原来一个税务系统分为国家税务局系统和地方税务局系统，国家税务局负责征收中央税和共享税，再将共享税中属于地方的部分和税收总额增长的分成部分返还给地方。分税制改革确立了国家税务系统在全国税收征

---

① 全国政府性债务审计结果（2013年12月30日公告），http：//www.audit.gov.cn/，2013年12月30日。

② 2014年第1号公告：四川省政府性债务审计结果，http：//www.sc.gov.cn/10462/10464/10727/10866/2014/1/24/10292225.shtml。

收体系中占主导地位的局面，但分税制改革并没有赋予地方政府设立税种和税率的权力。1994年我国分税制改革是在克服中央财政困难、改进中央与地方财力分配状况的指导思想下进行的。在事权划分上，分税制改革并没有解决中央与地方事权如何界定及如何划分的问题，而是继续沿用原有的模式，地方政府仍作为中央政府的代理机构行使政府职能。地方政府支出主要包括三部分：提供教育、医疗保险、社会保障和救济、失业保险等公共产品；地方政府行政事业单位的费用；为地方经济发展所需要的基础设施。在发展中国家，中国是唯一一个由地方政府承担绝大部分社会保障、失业保险和基本社会服务的国家。我国的分税制改革是很不完全的，最主要的表现就是只对中央政府集中了大部分财权，却将大部分事权划给了地方政府，而且对于地方政府财权事权不匹配而产生的财政缺口并没有通过规范性的转移支付解决。由表1中可以看出，从分税制改革以来，地方政府的收入和支出不匹配的现象长期存在。

表1 我国地方财政支出与财政收入占比

年份	地方财政支出比重（%）	地方财政收入比重（%）	年份	地方财政支出比重（%）	地方财政收入比重（%）
1994	69.7	44.3	2004	72.3	45.1
1995	70.8	47.8	2005	74.1	47.7
1996	72.9	50.6	2006	75.3	47.2
1997	72.6	51.1	2007	77.0	45.9
1998	71.1	50.5	2008	78.7	46.7
1999	68.5	48.9	2009	80.0	47.6
2000	65.3	47.8	2010	82.2	48.9
2001	69.5	47.6	2012	84.9	50.6
2002	69.3	45.0	2012	85.1	52.1
2003	69.9	45.4	2013	85.4	53.4

资料来源：《中国统计年鉴》（2014）。

此外我国作为发展中国家，基础设施的建设需要大量投资。基础设施是支撑城镇化发展的硬件载体和必要条件，具有公共物品属性。城镇化的快速发展产生了巨大的投融资需求，依托于政府主导的基础设施建设投融资带来了沉重的地方财政压力和债务问题。

1.2 我国的政绩考核制度

在20世纪80年代初，邓小平提出了改革党和国家领导制度的重要思想，包括强调干部队伍的年轻化、知识化和专业化，鼓励老干部的离休退休，引入任期制和年龄限制。在这之后，官员以五年为一任期，而在任期内的经济绩效成为晋升与否的重要标准。因为最易量化和易于比较，一直以来，GDP 成为考核政府政绩最核心甚至是唯一的指标，地方政府也总是把GDP 放在第一位。

1.3　地方政府债务管理体制

一直以来，我国地方政府性债务管理体制薄弱，主要表现为：

（1）对借债主体并没有做出明确的规定，政府可借助融资平台公司举债。地方政府债务管理体制中并没有对发债主体与举债方式做出明确的规定，存在借债主体混乱的现象。虽然原《预算法》规定地方政府不允许公开发行债券，但是地方政府可以借债，而且可以通过设立公司如融资平台借债并且债务规模方面没有明确的规定；偿债主体没有规定，上任借债下任还，或者上任因职务的调离而置身事外的现象普遍存在。这样便导致对债务的增长缺乏约束。

（2）对政府举债额度并没有做出限制。没有地方政府的举债在全省内进行统筹安排，并对各级政府的举债规模进行限制，举债规模和项目风险脱节，债务的增长与地区的经济发展水平和财政收入协调一致。

（3）对发债的用途没有具体地规定。一般来说政府债务资金只能用于公益性资本支出（包括市政设施、垃圾处理、公共交通、公共卫生、文化体育、教育科研、环境整治、水利设施、保障性安居工程等）和用于归还存量债务，而不得用于经常性支出。但在地方政府债务管理中，对此没有明确规定。

1.4　地方金融管理体制

地方的金融管理主要是通过地方金融办进行的，金融办最初被定义为议事协调机构，并不具有行政审批权，其主要任务是联系并配合"一行三会"和全国性金融机构在当地的工作。从省一级金融工作办公室的职能设置看，地方金融办主要承担五个方面工作：一是配合协助国家货币政策的贯彻落实，加大金融业对地方经济和社会发展的支持；二是拟定全省金融发展规划，协调金融资源优化配置；三是协调组织对地方金融机构的管理；四是组织协调金融风险监测防范与化解，维护金融秩序，开展生态环境建设；五是承担地方企业股份制改造、上市公司培育及规范发展方面相关工作。各市、县金融办的基本职能也与此相近。然而，在经过 2008 年的机构改革之后，大部分金融办的定位得到了提升，在组织形式上，副省级城市的金融办以正局级建制为主，地市级城市金融办大都改为政府直属机构。同时，在以投资拉动经济增长的驱动下，有相当一部分金融办还承担着为地方政府项目协调融资的职责。除金融办外，还有多个部门承担具体的金融管理职能，与金融办一起共同组成地方金融管理体制的主要内容。比如省级农村信用联社受省政府委托，对农村合作金融机构行使管理、指导、协调和服务职能；省国资委或财政部门对信托公司、城市商业银行等行使出资人职能；省工业和信息化厅对小额贷款公司、担保公司进行审批、管理。

2. 地方政府债务的特点

2.1 债务举借渠道较窄，大量来源于银行

如表 2 所示，可以看出融资渠道过于单一、风险集中，与资金使用结构匹配程度低从融资渠道看，银行信贷是主要方式，其在地方政府负有偿还责任的债务中的融资规模占比达到 50.76%。

表 2 2013 年 6 月底地方政府性债务资金来源情况

债权人类型	政府负有偿还责任的债务		政府或有债务			
			政府负有担保责任的债务		政府可能承担一定救助责任的债务	
	金额（亿元）	占比（%）	金额（亿元）	占比（%）	金额（亿元）	占比（%）
银行贷款	55 252.45	50.76	19 085.18	71.60	26 849.76	61.87
BT	12 146.30	11.16	465.05	1.74	2 152.16	4.96
发行债券	11 658.67	10.71	1 673.58	6.28	5 124.66	11.81
信托融资	7 620.33	7.00	2 527.33	9.48	4 104.67	9.46
证券、保险业和其他金融机构融资	2 000.29	1.84	309.93	1.16	1 055.91	2.43
融资租赁	751.17	0.69	193.05	0.72	1 374.72	3.17
其他	19 429.96	17.85	2 401.65	9.01	2 731.84	6.30
合计	108 859.17	100.00	26 655.77	100.00	43 393.72	100.00

资料来源：2013 年 12 月 30 日《全国政府性债务审计结果》。

2.2 债务所投资项目多为公益性或半公益性

如表 3 所示，从地方政府举债资金的投向看，80% 左右投向了基础设施、科教文卫、生态环保建设等领域。这些领域投资项目的投资回收期大多超过举债资金的融资期限。即使已经投入使用的投资项目，短期内产生的"回报"也不足以偿付债务本息。地方政府债务负债方和资产方期限错配所形成的"借短投长"，必然导致"现金流量"问题，酿成流动性风险。而当地方政府的财政收入满足不了偿债要求，地方政府的其他资产又受制于流动性无法迅速变现时，就会引发债务违约。

表 3　　　　　**2013 年 6 月底地方政府性债务余额支出投向情况**

债务支出投向类型	政府负有偿还责任的债务		政府或有债务			
			政府负有担保责任的债务		政府可能承担一定救助责任的债务	
	金额（亿元）	占比（%）	金额（亿元）	占比（%）	金额（亿元）	占比（%）
市政建设	37 935.06	37.49	5 265.29	20.54	14 830.29	36.45
土地储备	16 892.67	16.69	1 078.08	4.21	821.31	2.02
交通运输设施建设	13 943.06	13.78	13 188.99	51.45	13 795.32	33.91
保障性住房	6 851.71	6.77	1 420.38	5.54	2 675.74	6.58
科教文卫	4 878.77	4.82	752.55	2.94	4 094.25	10.06
农林水利建设	4 085.97	4.04	580.17	2.26	768.25	1.89
其他	16 601.53	16.41	3 349.93	13.07	3 699.15	9.09
合计	101 188.77	100.00	25 635.39	100.00	40 684.31	100.00

资料来源：2013 年 12 月 30 日《全国政府性债务审计结果》。

2.3 债务期限多为中短期

就地方政府的负债期限结构看，绝大多数负债为短期和中期，一般在 5 年以下。这里仅以地方政府主要的负债形式——银行贷款为例。审计结果显示，截至 2013 年 6 月底，地方政府负有偿还责任的债务中 50.8% 来自银行贷款，负有担保责任的债务中 71.6% 来自银行贷款。而这些贷款中期限在三年以下的短期贷款居多，三年之内（即 2016 年底之前）需要偿还的贷款债务占到总债务的 73.45%。

3. 四川省政府性债务概况及《四川省政府性债务管理办法》的出台

3.1　四川省政府性债务概况

审计结果显示，截至 2013 年 6 月底，四川全省各级政府负有偿还责任的债务 6 530.98 亿元，负有担保责任的债务 1 650.90 亿元，可能承担一定救助责任的债务 1 047.74 亿元。从政府层级看，省级、21 个市级、182 个县级和 4 367 个乡镇政府负有偿还责任的债务分别为 352.24 亿元、2 030.58 亿元、3 878.38 亿元和 269.78 亿元[①]。"纵观审计结果虽然债务不低，但从四川省经济发展水平、政府性债务的现状总体来看，四川省政府性债务风险总体可控。"

3.2　国家相关会议精神、相关文件对债务管理的指导

地方政府性债务规模逐年增长，引起了中央及社会各界的关注。为此，中央多次会议中都对地方政府性债务风险给予了关注并提出相应政策措施。2012 年中央经济工作会议提出要严格财政收支管理，加强地方政府债务管理。2013 年中央经济工作会议指出各级政府要厉行节约，严格控制一般性支出，把钱用在刀刃上，要高度重视财政金融领域存在的风险隐患，坚决守住不发生系统性和区域性金融风险的底线。2014 年中央经济工作会议指出着力防控债务风险。要把控制和化解地方政府性债务风险作为经济工作的重要任务。加强源头规范，把地方政府性债务分门别类纳入全口径预算管理，严格政府举债程序。明确责任落实，省区市政府要对本地区地方政府性债务负责任。2014 年 5 月 20 日，国务院转批国家发改委《关于 2014 年深化经济体制改革重点任务意见的通知》，提出剥离融资平台公司的政府融资职能。2014 年 6 月 30 日中央政治局会议审议通过了《深化财税体制改革总体方案》，提出了规范地方政府性债务管理的总体要求。2014 年 8 月 31 日全国人大常委会审议通过的《预算法》

---

① 2014 年第 1 号公告：四川省政府性债务审计结果，http://www.sc.gov.cn/10462/10464/10727/10866/2014/1/24/10292225.shtml.

修正案增加了允许地方政府规范举债的规定。2014 年 10 月 2 日，《国务院关于加强地方政府性债务管理的意见》分别从总体要求、规范的地方政府举债融资机制、地方政府债务实行规模控制和预算管理、控制和化解地方政府性债务风险、完善配套制度五个方面对地方政府性债务管理进行了规范。表明对地方政府债务问题的重视上升到前所未有的高度。

3.3 四川省政府常务会议通过《四川省政府性债务管理办法》

为规范政府性债务管理，防范政府债务风险，遵照《中华人民共和国预算法》《国务院关于深化预算管理制度改革的决定》《国务院关于加强地方政府性债务管理的意见》规定，结合实际，四川省人民政府制定了《四川省政府性债务管理办法》。

3.4 《四川省政府性债务管理办法》的简单解读（现存债务的处理、未来发债的相关规定、地方政府性债务管理等）

《四川省政府性债务管理办法》（以下简称《办法》）所称政府性债务包括政府债务和或有债务。政府债务指各级政府为公益性事业发展举借，需地方政府承担偿还责任的债务。具体包括：经国务院批准纳入政府债务管理的存量债务；通过发行地方政府债券形成的债务；符合国家规定的在建项目后续融资形成，需地方政府承担偿还责任的债务。或有债务指存量债务中政府负有担保责任和可能承担一定救助责任的债务，以及国务院批准锁定存量后新发生的政府依法担保债务。主要从三方面对四川省政府性债务的解决进行了规范：

1. 现存债务的处理

《国务院关于加强地方政府性债务管理的意见》（以下简称《意见》）对处理存量债务提出了明确措施：在清理甄别地方政府性债务的基础上，一是对地方政府及其部门举借的债务，以及企事业单位举借的债务中属于政府应当偿还的部分，纳入预算管理。二是对企事业单位债务中不属于政府应当偿还的部分，要遵循市场规则处理，减少行政干预。

问题是到期债务如何偿还？2015 年上半年可能就是还债高峰期，政府承担的部分，应该怎样偿还？不属于政府应当偿还的部分，要求遵循市场规则处理，减少行政干预，在还债能力有限的情况下，这部分很可能会出现债务违约。根据审计署的报告，截至2013年6月底，地方政府负有偿还、担保责任及可能承担一定救助责任的债务总额达17.9万亿元。这其中融资平台公司的债务总额近7万亿元，占地方政府总债务的39.1%，是地方政府债务最大的一部分，也是最为复杂的一部分①。Wind数据显示，2015年全年将有5 621.83亿元城投债到期，上半年是还债高峰期，将有3 160.55亿元到期。其中3月、4月和5月将达到"洪峰"，到期债务分别是776.3亿元、841亿元和636.1亿元，占全年到期债务量的4成②。《意见》对过渡时期的存量债务处理提出了办法：债务"置换"。就是在现有地方政府举债机制下借新债还旧债，等到地方政府具有了发行债券的权力后，通过发行相应的债券来弥补仍不能偿还的债务。《意见》指出，"对甄别后纳入预算管理的地方政府存量债务，各地区可申请发行地方政府债券置换，以降低利息负担，优化期限结构，腾出更多资金用于重点项目建设。"这样一方面可以降低融资成本，减轻债务负担。因为之前的债务由平台举借，成本较高，而后面发政府债券，成本较低。另一方面可以优化债务期限结构，降低地方政府还债压力，通过政府债券将集中到期的短期债务置换成长期债务。

剩下的问题是属于平台公司应该偿还的债务应该怎么处理。《意见》要求"按市场规则"，如果平台企业债务只是因为期限错配，那么也可以通过借新债还旧债，用项目后续资金回收逐步偿还；如果是亏损项目，则最终可能导致债务违约。《意见》要求妥善处理在建项目后续融资："对使用债务资金的在建项目，原贷款银行等要重新进行审核，凡符合国家有关规定的项目，要继续按协议提供贷款，推进项目建设。"这些债务应该会按照项目类别纳入预算管理。"对在建项目确实没有其他建设资金来源的，应主要通过政府与社会资本合作模式和地方政府债券解决后续融资。"其中政府与社会资本合作模式在执行中可能会遇到阻力，合作谈判，政府愿意让利多少等都是棘手的问题。

2. 未来发债的相关规定

（1）谁能借地方债？企事业单位融资平台公司被排除。2015年以后，四川的全省政府债务由省政府统一举借。市州、区县政府确需举借债务的，也由省政府代为举借，通过转贷方式安排市、县。政府债务只能通过政府及其部门

---

① 全国政府性债务审计结果（2013年12月30日公告），http：//www.audit.gov.cn/，2013年12月30日。

② 资料来源：降息被指是中央对地方妥协　银行减少4 000亿元利息收入，http：//www.fangchan.com/news/7/2014－11－27/377853.html。

举借，不得通过企事业单位举借。剥离融资平台公司政府融资职能，融资平台公司不得新增政府债务。

发行"地方政府债券"，将是唯一的举债方式。地方债借多少合适？关键依据是风险高低。债务高风险地区将严格控制新开工项目，原则上不得新增债务余额，逐步降低风险；债务规模下降到限额之前，按照"增减挂钩"原则，经规定程序审核后准予在当年偿还债务额度内适度举借债务。债务风险相对较低地区，则合理控制政府债务规模和增长速度，债务必须与经济发展水平和财政收入、政府性基金和专项收入增长协调。

（2）政府能借多少债？由人大常委会说了算。2015 年后，四川省政府在国务院批准限额内合理确定全省举债规模，报省人大常委会批准。根据省人大常委会批准的债务规模，统筹全省政府债务举借，核定省级和市、县债务规模。而市县政府在省政府核定限额内合理确定本地区举债规模，按规定报本级人大常委会批准。政府债务收支分类将纳入预算管理。一般债务收支纳入一般公共预算；专项债务收支纳入政府性基金预算。政府债务预算收入包括地方政府债券、转贷收入等。

金融机构等债权人如果违法违规向地方政府提供融资，应自行承担损失。金融机构购买地方政府债券应当符合监管规定。

3. 地方政府性债务管理

地方政府性债务风险不断增高，四川省出台办法以加强管理，防范化解财政金融风险。《四川省政府性债务管理办法》规定政府债务规模实行限额管理，债务限额主要根据政府债务风险和财力状况确定。同时明确全省政府债务由省政府统一举借，市、县政府由省政府代为举借，坚持"谁举债、谁偿还"的原则，省级不承担市、县级政府债务的偿还责任。

债务"借、用、还"将受到全面有效的管理监督。首先是全面纳入预算管理，各级政府将债务收支分类纳入全口径预算，报本级人大常委会审查批准，年度终了，将政府债务收支编入政府财政决算草案。严格实施监督惩罚，将政府债务纳入政府绩效考核和党政主要领导干部经济责任审计，对违法违规行为严肃追究问责。

《办法》对政府债务的发债主体、用途、规模、方式四方面进行限制。

（1）限制发债主体。全省政府债务由省政府统一举借，并且只能通过政府及其部门举借，不得通过企事业单位举借。剥离融资平台公司政府融资职能，融资平台公司不得新增政府债务。

（2）限制发债方式。举借政府债务采取发行地方政府债券方式，全省各级人民政府及其部门不得通过其他任何方式举借政府债务。

（3）限制发债规模。对政府债务实行限额管理，债务高风险地区应严格控制新开工项目，原则上不得新增债务余额，应当采取措施逐步降低风险。债务规模下降到限额之前，按照"增减挂钩"原则，经规定程序审核后准予在当年偿还债务额度内适度举借债务。

（4）限制发债用途。政府债务资金只能用于公益性资本支出和适度归还存量债务，不得用于经常性支出。公益性资本支出主要包括市政设施、垃圾处理、公共交通、公共卫生、文化体育、教育科研、环境整治、水利设施、保障性安居工程等。

4.《四川省政府性债务管理办法》的后续待解决的问题

一方面，《意见》规定："明确划清政府与企业界限，政府债务只能通过政府及其部门举借，不得通过企事业单位等举借"；"剥离融资平台公司的政府融资职能，融资平台公司不得新增政府性债务"。平台公司"代政府融资"的职能将不可持续，意味着融资平台政府融资功能将被逐步剥离。那么我国现存的大量政府融资平台公司路在何方呢？另一方面，我国地方金融管理体制方面的缺陷在我国地方政府性债务快速增长的过程中起着推波助澜的作用，很大程度上导致了我国地方金融机构经营扭曲，那么我国地方金融管理体制的未来改革之路应该怎样走呢？

4. 案例使用说明

4.1　教学目的与用途

1. 适用课程：金融理论与政策、金融危机管理

2. 适用对象：金融硕士

3. 教学目的：本案例围绕《四川省政府性债务管理办法》的出台，回顾我国地方政府性债务累积的背景及其过程，分析我国地方政府性债务的特点，以四川省为例，分析我国地方政府性现存债务的化解办法及未来政府性债务的管理办法。通过这个案例的分析，希望达到以下几个方面的具体目标：

（1）结合我国现阶段的经济发展特征、财税体制、官员政绩考核制度、

地方政府债务管理体制及我国地方金融管理体制，使学生理解我国地方政府性债务累积的深层次原因。

（2）从地方政府性债务的形成途径及债务资金的运用两个方面，了解我国地方政府性债务债权债务关系及资金回流方面的特征。

（3）基于对我国地方政府性债务累积的原因分析及我国未来经济发展的趋势，以《四川省政府性债务管理办法》为例，使学生理解现存地方政府性债务的化解办法及未来管理地方政府性债务制度建设的合理性及有效性。

（4）以分析我国目前地方金融管理体制的缺陷在地方政府性债务累积过程中的作用为基础，引导学生思考地方金融管理体制的改革方向。

（5）基于《意见》及《四川省政府性债务管理办法》对未来政府性债务举借主体的规定，引导学生对我国现有的大量地方政府平台公司做转型战略规划。

4.2 启发思考题

（1）我国地方政府性债务累积的深层次原因是什么？分别从我国财税体制、我国所处的特定发展阶段、官员政绩考核制度、地方政府性债务管理体制、地方金融管理体制等几个方面进行分析。

（2）分析我国地方政府性债务的特征。分别从债务合同主体、债务合同资金去向、债务合同资金回收等方面进行分析。

（3）梳理《办法》出台的指导性文件及相关会议精神。

（4）我国现存地方政府性债务对区域金融安全及宏观金融安全有什么危害，分析现存政府性债务的化解办法。

（5）从激励机制设计视角分析我国未来政府性债务管理办法，论证我国政府性债务管理办法的有效性。

（6）针对我国现成地方金融管理体制方面的缺陷在地方政府性债务累积过程中的作用，利用金融监管理论分析我国未来地方金融管理体制的建设。

（7）《四川省政府性债务管理办法》规定"政府债务只能通过政府及其部门举借，不得通过企事业单位举借。剥离融资平台公司政府融资职能，融资平台公司不得新增政府债务"。那么分析我国大量现存地方政府融资平台公司的转型路径。

4.3　分析思路

（1）分析我国地方政府性债务规模大、增长快的深层次原因，分别从我国财税体制、经济发展阶段、官员政绩考核制度、地方政府性债务管理体制、地方金融管理体制等几个方面进行分析。

（2）分析我国地方政府性债务的现状及其特征。

（3）分析地方政府性债务规模大、增长快对我国财政系统及宏观金融安全的可能危害。并在此背景下汇总分析中央政府针对地方政府性债务管理的相关会议及文件精神。

（4）分析四川省政府性债务概况，并结合新《预算法》及国发〔2014〕43号文，分析《四川省政府性债务管理办法》的出台。

（5）简单分析《四川省政府性债务管理办法》出台后后续有待解决的问题，地方政府平台公司转型之路何在？地方金融管理体制改革之路何在？

4.4　理论依据与分析

4.4.1　理论依据

财政税收相关理论，激励理论，合同理论，金融监管理论等。

4.4.2　具体分析

1. 我国地方政府性债务累积的深层次原因是什么？分别从我国财税体制、经济发展阶段、官员政绩考核制度、地方政府性债务管理体制、地方金融管理体制等几个方面进行分析。

近年来，我国地方政府性债务高速累积，其背后存在多方面的推动力。分析债务累积的推动因素有利于理解出台的政府性债务管理办法，评判并预测政府性债务管理办法的有效性。

（1）我国不彻底的分税制改革是促使地方政府产生被动负债需求的制度性因素。自1994年我国实施分税制改革以后，财政权力重心上移，而同时事权重心下压并不断强化，地方必要财政支出超出地方财政能力的压力迫使地方政府不得不负债以维持正常运转。这在2005年之前表现得比较突出，地方政府债务被动形成和县乡财政体制困难的现象普遍存在。

（2）我国所处的特定经济发展阶段是促使地方政府产生被动负债需求的

非制度性因素。在我国改革过程中，特别是改革初期，大量的基础设施有待建设，产生的这部分刚性支出也是地方政府被动负债的主要原因之一。

（3）我国官员政绩考核机制是激励地方政府主动负债的主要因素之一。一方面，我国是中央集权国家，中央或上级政府有权力决定下级政府官员的任命，即形成集中的人事权利益诱导机制。另一方面，20世纪80年代初邓小平提出改革党和国家领导制度，其中包括引入任期制和年龄限制，在这之后，官员一般以五年为一任期，而在任期内的经济绩效成为任期满后晋升与否的重要参考指标。在人事权利诱导机制和任期内经济绩效考核指标的双重作用下，地方官员实际上处于一种职位晋升的锦标赛中。在这种体制下，地方经济增长成为地方政府官员的主要施政目标，同时在地区间形成激烈的经济竞争关系，各地政府均希望有所作为，从而在财力不足的情况下，通过大量举借债务来发展经济。

（4）地方政府性债务管理办法欠缺为地方政府负债创造了宽松的约束条件。首先，缺乏合理的债务规模约束机制。地方政府债务规模控制以及偿还因素不在组织考核范围内，在这样没有约束的条件下，地方政府官员就可能会片面追求政绩，形成地方政府举债的非理性利益动机。这种非理性利益动机会形成地方政府债务扩张的欲望，为地方政府盲目举债奠定基础。其次，缺乏合理的债务使用监管机制，导致地方政府债务资金使用低效。最后，缺乏合理的偿还管理机制，导致预算软约束下的道德风险。一方面，一直没有中央政府或上级政府让地方政府陷于财政破产境地的情况发生，从而使地方政府预期上级政府最终会为地方政府"兜底"，将债务责任可以转移到上级政府；另一方面，地方政府债务存在着权责时间上的分离，本届地方政府具有举借债务的权力，而实际负有债务偿还责任的却是下届地方政府，将债务责任转移到下任政府。这两种预期的存在又会进一步助长地方政府粗放型的财政支出行为，进一步使债务规模和资金使用质量问题恶化。

（5）现行地方金融管理体制为地方政府融资提供了良好的举债条件。我国现行地方金融管理体制是以地方金融办为主体，其他多部门协调补充的格局。简单地讲，省金融办负责指导全省城市商业银行、城市信用社、农村信用社等地方金融机构的改革、发展和重组；省级农村信用联社受省政府委托，对农村合作金融机构行使管理、指导、协调和服务职能；省国资委或财政部门对信托公司、城市商业银行等行使出资人职能；省工业和信息化厅对小额贷款公司、担保公司进行审批、管理。在这种管理格局下，地方政府通过正当途径或凭借其管理权力对地方金融机构实施不当的隐性干预，能够顺利地融得大量资金。

2. 分析我国地方政府性债务的特征。分别从债务合同主体、债务合同资金去向、债务合同资金回收等方面进行分析。

（1）地方政府通过设立融资平台公司来融资。按照原《中华人民共和国预算法》第28条规定："地方各级预算按照量入为出、收支平衡的原则编制，不列赤字。除法律和国务院另有规定外，地方政府不得发行地方政府债券。"这就意味着地方政府不存在市场化融资的体制通道。因此，地方政府另辟蹊径，绕开了现行体制与政策障碍，成立了集融资、建设和经营、债务偿还为一体的融资平台公司，代替政府进行直接与间接融资，实现地方政府市场化融资的目的。

地方政府融资平台公司是由地方政府发起设立，通过划拨土地、股权、规费、国债等资产，迅速包装出一个资产和现金流均可达到融资标准的公司，必要时再辅之以财政补贴作为还款承诺，以实现承接各路资金的目的，进而将资金运用于市政建设、公用事业等肥瘠不一的项目。如城市建设投资公司、城建开发公司、城建资产经营公司等。

在地方政府融资平台公司的早期发展阶段，其可以称得上是绕开现行制度约束的金融创新，但是在2008年之后，我国为应对国际金融危机而实行积极的财政政策和适度宽松的货币政策，在这一大环境下，融资平台的发展出现了一些新的变化，主要表现为在银政关系中，政府平台变为主动、占上风的一方，在这些背后，存在大量违规操作、低效率和不够谨慎的投资。

（2）地方政府债务资金主要投向铁路、公路、基础设施建设。一方面，部分资金用于公益性项目建设，项目本身没有投资收益，债务偿还仅能依靠财政，而地方财政收入原本有限，难以偿还这部分债务；另一方面，部分资金用于有一定收益的项目，但是一般项目周期较长，资金回收缓慢。

3. 汇总《办法》出台的背景文件及相关会议精神（见表4）。

表4　　　　　　　　《办法》出台的背景文件及相关会议精神

会议/文件	会议/文件精神
2012年中央经济工作会议	会议提出要严格财政收支管理，加强地方政府债务管理
2013年中央经济工作会议	各级政府要严格控制一般性支出，把钱用在刀刃上，要高度重视财政金融领域存在的风险隐患，坚决守住不发生系统性和区域性金融风险的底线

续表

会议/文件	会议/文件精神
2014 年中央经济工作会议	要求着力防控债务风险。要把控制和化解地方政府性债务风险作为经济工作的重要任务。加强源头规范，把地方政府性债务分门别类纳入全口径预算管理，严格政府举债程序。明确责任落实，省区市政府要对本地区地方政府性债务负责任
2014 年《关于 2014 年深化经济体制改革重点任务意见的通知》	提出剥离融资平台公司的政府融资职能
2014 年 6 月 30 日《深化财税体制改革总体方案》	提出了规范地方政府性债务管理的总体要求
2014 年 8 月 31 日新《预算法》	增加了允许地方政府规范举债的规定
2014 年 10 月 2 日《国务院关于加强地方政府性债务管理的意见》	分别从总体要求、规范的地方政府举债融资机制、地方政府债务实行规模控制和预算管理、控制和化解地方政府性债务风险、完善配套制度五个方面对地方政府性债务管理进行了规范。表明对地方政府债务问题的重视上升到前所未有的高度

4. 我国现存地方政府性债务对财政系统安全及宏观金融安全有什么危害，分析现存政府性债务的化解办法。

（1）地方政府性债务累积与财政系统安全的联系。政府债务是在政府财政收入小于财政支出的情况下产生的，债务的累积会对财政构成压力。地方政府债务的累积可能会向中央财政传导，最终给中央财政带来压力，甚至会发生全国系统性的财政风险。

具体来讲，我国是典型的单一制大国，在单一制体制下，多级政府及相应的多级财政间具有相互依赖和影响关系，在财政运行上中央政府对地方政府具有无限的连带责任。因此，就地方政府债务而言，如果数量积累到一定程度并引发财政风险，同时地方政府又无力化解，承担地方政府债务的责任自然会向中央政府转移，则具有局部性的地方政府债务风险可能演化为全国系统性的财政风险。研究证明，如果地方政府财力不足，难以按时还款，上级政府必然会从大局出发，通过加大转移支付或采取豁免地方政府部分债务等方式，为下级政府的债务风险买单，最终形成地方政府债务风险"倒逼"中央政府，并演化为中央财政风险。

（2）地方政府性债务累积与宏观金融安全的联系。现有地方政府债务大都通过银行贷款取得，因而地方政府性债务的迅速增长与大量累积自然地牵连了金融机构，有可能引发金融危机。2013 年底，全国地方政府债务通过银行信贷方式融资规模为 101 187.39 亿元，占地方政府债务总额的 62.17%。可见，如果我国地方政府债务风险发生，即未来各年度财政收入不能补缺历史欠债的话，势必导致银行无法按时足额收回贷款，在银行体系内部加剧呆账、坏账的持续恶化，从而导致资金链断裂使银行运行资本呆滞而被迫破产，金融危机将随即出现。

5. 从激励机制设计视角分析我国未来政府性债务管理办法，论证我国政府性债务管理办法的有效性。

《四川省政府性债务管理办法》具体规定了政府性债务举借方式为公开发债，规定全省政府债务由省政府统一举借，并通过转贷方式安排到市、县，并对债务规模、债务用途、债务偿还、问责机制、预算管理及相关金融机构运营做了规定。

从激励机制设计来讲，《四川省政府性债务管理办法》能够促进债务资金使用效率的提高和债务举借规模的控制。在债务资金用途确定且债务规模控制的条件下，地方政府为了取得更好的经济绩效，必定把"好钢用在刀刃上"；同时债务举借的同时需要承担债务偿还责任，在这一约束下，债务举借行为会更加理性，债务规模也会得到有效控制。

从合同理论来讲，之前的地方政府债务合同的借贷双方看似明确，借债方是政府，但由于政府任期与债务期限不一致，导致实际债务主体不确定，有可能是下届政府，因而导致现任政府严重的道德风险行为，主要表现为债务规模无限制增长，债务资金主要用于短期见效快的项目，往往导致债务资金使用效率低下。而现有《四川省政府性债务管理办法》在债务举借主体、债务偿还主体、债务规模方面都做了具体规定，从而能够促进债务资金使用效率的提高，使得债务举借行为更加理性，相应的债务规模得到控制。

6. 针对我国现成地方金融管理体制方面的缺陷在地方政府性债务累积过程中的作用，利用金融监管理论分析我国未来地方金融管理体制的建设。

（1）我国现成地方金融管理体制的主要缺陷。由于金融资源是经济发展不可或缺的增值要素，地方政府内在地具有主导金融资源配置的强烈动机。当前我国地方政府金融管理体制是以地方金融办为主体，其他多部门协调补充的格局：省金融办负责指导全省城市商业银行、城市信用社、农村信用社等地方金融机构的改革、发展和重组；省级农村信用联社受省政府委托，对农村合作金融机构行使管理、指导、协调和服务职能；省国资委或财政部门对信托公司、城市商业银行等行使出资人职能；省工业和信息化厅对小额贷款公司、担保公司进行审批、管理。在这种管理格局下，地方政府凭借其管理权力，能够顺利地融得大量资金。这种地方金融管理体制存在严重的缺陷：在赋予了地方政府对地方金融的管理权力的同时缺乏相应的责任制衡，其中重要的是没有承担地方金融风险分担责任，而将全部风险管理责任甚至危机发生后的救助责任交给了中央政府，这种情况下，地方政府从自身效用函数的需要出发，可能会发生严重的道德风险。

（2）地方政府利用金融管理的权利获得融资便利的主要渠道。担保公司归金融办监管，而担保公司是一个融资增信机构，政府控股的担保公司可能被金融办拿来为地方融资平台贷款服务，且违规担保行为难以被揭露。调查发现，广西、四川、北京等地的政府控制的数家担保公司有违规向地方融资平台担保"输血"的行为。

地方政府通过持有地方法人金融机构的股权，或者通过对地方金融机构人事任免的权利控制金融机构管理者，促使当地金融机构增加对地方政府所推荐的行业和项目的投资。

地方政府利用手中掌握的资源如财政性存款、重大项目金融服务、财政性资金补贴等对金融机构进行"诱导性"干预，甚至通过选择性执法等手段，促使当地金融机构按其偏好发放贷款。

（3）我国地方金融管理体制未来改革的相关建议。针对地方金融管理体制缺陷在地方政府性债务累积过程中所起的推波助澜作用，地方金融管理体制未来改革的最重要方面就是实现地方政府在金融管理中的权责一致性，在拥有管理权力的同时，必须负相应的责任。具体地可以设想要求地方政府参与存款保险制度建设来实现：比如在现行存款保险制度中添加地方政府基金，当地方性金融机构因为地方金融监管不力导致破产，那么地方政府存入的基金成为赔付资金来源之一；另外也可以设想建立多层次存款保险制度，其中包括地方存款保险体制，即地方政府对地方性金融机构建立存款保险机构，地方政府缴纳部分基金，当地方金融机构破产后，地方政府缴纳的基金成为赔付资金的一部分。

7. 《四川省政府性债务管理办法》规定"政府债务只能通过政府及其部门举借，不得通过企事业单位举借。剥离融资平台公司政府融资职能，融资平台公司不得新增政府债务"。那么分析我国大量现存地方政府融资平台公司的转型路径。

根据《意见》及《四川省政府性债务管理办法》，地方政府融资平台公司必须转型，转型的总体方向为：剥离代政府融资的功能，公司实体化，经营规范化、市场化；其实质是"国企"改革，要求政企分开、权责明确。

根据各平台公司现有业务特征，其转型路径大体有以下几种可供选择：

（1）经营竞争性业务（如商业性房地产等）的融资平台可转型为混合所有制企业或者直接私有化将其改为普通公司，进入市场，与其他普通公司同等竞争，自担风险，自负盈亏，并在此基础上继续发展。这种转型路径的优点表现为政企分开，权责明确，政府对这类竞争性业务的直接干预减少。

（2）完全无覆盖的公益性业务（非经营性项目）融资平台可以转型为国有企业，或引进民间资本成为混合所有制企业，自主经营，自负盈亏。其业务可以在政府给予特许经营权的条件下生产并负责运营相应公共产品，并以合理价格卖给政府。这类公益性业务缺乏"使用者收费"基础，主要依靠"政府付费"回收投资成本。这种转型路径的优点是实现政企分开，权利于责任分明；公司仍然做熟悉的业务；可以吸收社会资本参与；企业管理可以更加科学。

（3）半覆盖型准公益融资平台可改造成地方国有控股企业，同时吸纳民间资本入股。转型后企业实行市场化、专业化运作。由于半覆盖型准公益业务的经营收费不足以覆盖所有投资成本，需要政府补贴部分资金或资源，所以转型后公司业务可以由政府授予特许经营权附加部分补贴或直接投资，主要负责以 PPP 方式承接有一定项目收益的地方公共设施建设项目。

（4）投资较多金融类资产的融资平台可以整合为金融控股公司，完全市场化操作，自主经营，自负盈亏。这样转型的优点体现为：实现政企分开，权利责任分明；整合金融资源并发挥协同效应，做强地方金融，更好地服务地方经济。

（5）投资控股实体产业为主的融资平台可以整合为投资控股公司，实现完全市场化操作，自主经营，自负盈亏。

（6）对于部分纯承担融资职能且没有存在价值的融资平台，可以在处理好现有债务的情况下撤出。新《预算法》及《意见》允许政府在必要时自行发债，且公益性项目实行政府与社会资本合作的方式，这就需要政府具体操作发债，同时也"从公共产品的直接提供者转变为社会资本的合作者以及 PPP项目的监管者"。因此也可以将这类融资平台公司纳入政府部门，作为公益性政府债券发行的具体操作或辅助操作部门，或作为公益性项目建设的专门管理机构。

（7）单纯满足上述五种特征之一的融资平台在实际中只是少部分，大多数平台公司拥有其中几个特征，同时承担公益性项目、准公益性项目、经营多种商业性项目等。对于这类平台公司，可以在剥离"代政府融资"业务之后，转型成为国有企业或者吸收社会资本成为混合所有制企业，仍然经营现有多种业务，并在此基础上发展。

4.5　关键要点

（1）关键点。

本案例通过重现《四川省政府性债务管理办法》的来龙去脉，分别从财税体制、政府主导的市场化改革阶段、官员政绩考核制度、地方政府性债务管理体制、地方金融管理体制等几个方面分析我国债务累积的原因，通过总结我国地方政府性债务的特征分析政府性债务高速增长给我国财政系统与宏观金融可能带来的危害，在此基础上，以四川省为例，说明《四川省政府性债务管理办法》出台的必然性与及时性，并综合运用激励理论和合同理论分析《办法》的有效性，并对《办法》出台的后续待解决问题进行简要分析。

（2）关键知识点。

围绕我国财税体制、政府主导的市场化改革阶段、官员政绩考核制度、地方政府性债务管理体制、地方金融管理体制等几个方面分析我国债务累积的原因。利用激励理论、合同理论分析《四川省政府性债务管理办法》的有效性。结合金融监管理论探讨我国地方金融管理体制的未来改革方向。

（3）能力点。

分析实际问题的能力、相关理论背景、批判性思维以及解决实际问题的能力。

4.6　案例的后续进展

《四川省政府性债务管理办法》出台以后，各地地方政府一方面对现存的债务进行统计，并相应归类，纳入预算，另一方面，地方政府对在建项目的后续融资寻找出路，不能让在建工程成为烂尾工程。现存大量地方政府融资平台公司必须寻找出路，寻求转型方向，这也是《四川省政府性债务管理办法》出台后乃至目前大量地方政府融资平台公司正在进行的工作。

4.7　建议课堂计划

本案例作为金融硕士专门的案例讨论课材料，下面按照时间进度提供一个课堂计划建议，仅供参考（案例教学板书计划如图 1 所示）。

案例按照 2 学时进行设计，整个案例课的课堂时间可以控制在 90 分钟左右。

课前计划：提供相关资料和文献，提出启发思考题，请学生在课前完成资料和文献的阅读和并做初步思考。

课中计划：

课堂前言：5 分钟（简单扼要、明确主题）

案例回顾：10 分钟

分组讨论：30 分钟（准备发言大纲）

小组发言：每组 5 分钟左右，共 30 分钟

知识梳理总结：10 分钟

问答与机动：5 分钟

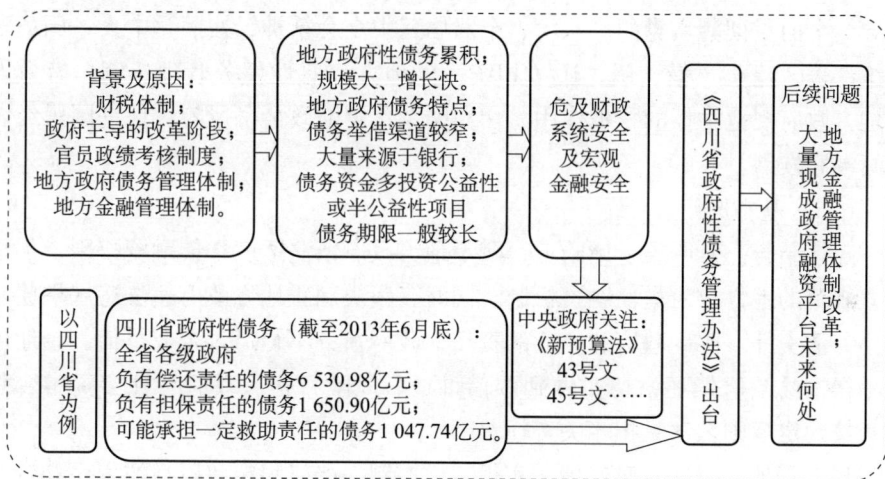

图 1　本案例教学板书计划

本案例正文附件

案例正文附件一：《国务院关于加强地方政府性债务管理的意见》

国务院关于加强地方政府性债务管理的意见

各省、自治区、直辖市人民政府，国务院各部委、各直属机构：

为加强地方政府性债务管理，促进国民经济持续健康发展，根据党的十八大、十八届三中全会精神，现提出以下意见：

一、总体要求

（一）指导思想。以邓小平理论、"三个代表"重要思想、科学发展观为指导，全面贯彻落实党的十八大、十八届三中全会精神，按照党中央、国务院决策部署，建立"借、用、还"相统一的地方政府性债务管理机制，有效发挥地方政府规范举债的积极作用，切实防范化解财政金融风险，促进国民经济持续健康发展。

（二）基本原则。

疏堵结合。修明渠、堵暗道，赋予地方政府依法适度举债融资权限，加快建立规范的地方政府举债融资机制。同时，坚决制止地方政府违法违规举债。

分清责任。明确政府和企业的责任，政府债务不得通过企业举借，企业债务不得推给政府偿还，切实做到谁借谁还、风险自担。政府与社会资本合作的，按约定规则依法承担相关责任。

规范管理。对地方政府债务实行规模控制，严格限定政府举债程序和资金用途，把地方政府债务分门别类纳入全口径预算管理，实现"借、用、还"相统一。

防范风险。牢牢守住不发生区域性和系统性风险的底线，切实防范和化解财政金融风险。

稳步推进。加强债务管理，既要积极推进，又要谨慎稳健。在规范管理的同时，要妥善处理存量债务，确保在建项目有序推进。

二、加快建立规范的地方政府举债融资机制

（一）赋予地方政府依法适度举债权限。经国务院批准，省、自治区、直辖市政府可以适度举借债务，市县级政府确需举借债务的由省、自治区、直辖市政府代为举借。明确划清政府与企业界限，政府债务只能通过政府及其部门举借，不得通过企事业单位等举借。

（二）建立规范的地方政府举债融资机制。地方政府举债采取政府债券方式。没有收益的公益性事业发展确需政府举借一般债务的，由地方政府发行一般债券融资，主要以一般公共预算收入偿还。有一定收益的公益性事业发展确需政府举借专项债务的，由地方政府通过发行专项债券融资，以对应的政府性基金或专项收入偿还。

（三）推广使用政府与社会资本合作模式。鼓励社会资本通过特许经营等方式，参与城市基础设施等有一定收益的公益性事业投资和运营。政府通过特许经营权、合理定价、财政补贴等事先公开的收益约定规则，使投资者有长期稳定收益。投资者按照市场化原则出资，按约定规则独自或与政府共同成立特别目的公司建设和运营合作项目。投资者或特别目的公司可以通过银行贷款、企业债、项目收益债券、资产证券化等市场化方式举债并承担偿债责任。政府对投资者或特别目的公司按约定规则依法承担特许经营权、合理定价、财政补贴等相关责任，不承担投资者或特别目的公司的偿债责任。

（四）加强政府或有债务监管。剥离融资平台公司政府融资职能，融资平台公司不得新增政府债务。地方政府新发生或有债务，要严格限定在依法担保的范围内，并根据担保合同依法承担相关责任。地方政府要加强对或有债务的统计分析和风险防控，做好相关监管工作。

三、对地方政府债务实行规模控制和预算管理

（一）对地方政府债务实行规模控制。地方政府债务规模实行限额管理，地方政府举债不得突破批准的限额。地方政府一般债务和专项债务规模纳入限额管理，由国务院确定并报全国人大或其常委会批准，分地区限额由财政部在全国人大或其常委会批准的地方政府债务规模内根据各地区债务风险、财力状况等因素测算并报国务院批准。

（二）严格限定地方政府举债程序和资金用途。地方政府在国务院批准的分地区限额内举借债务，必须报本级人大或其常委会批准。地方政府不得通过企事业单位等举借债务。地方政府举借债务要遵循市场化原则。建立地方政府信用评级制度，逐步完善地方政府债券市场。地方政府举借的债务，只能用于公益性资本支出和适度归还存量债务，不得用于经常性支出。

（三）把地方政府债务分门别类纳入全口径预算管理。地方政府要将一般债务收支纳入一般公共预算管理，将专项债务收支纳入政府性基金预算管理，将政府与社会资本合作项目中的财政补贴等支出按性质纳入相应政府预算管理。地方政府各部门、各单位要将债务收支纳入部门和单位预算管理。或有债务确需地方政府或其部门、单位依法承担偿债责任的，偿债资金要纳入相应预算管理。

四、控制和化解地方政府性债务风险

（一）建立地方政府性债务风险预警机制。财政部根据各地区一般债务、专项债务、或有债务等情况，测算债务率、新增债务率、偿债率、逾期债务率等指标，评估各地区债务风险状况，对债务高风险地区进行风险预警。列入风险预警范围的债务高风险地区，要积极采取措施，逐步降低风险。债务风险相对较低的地区，要合理控制债务余额的规模和增长速度。

（二）建立债务风险应急处置机制。要硬化预算约束，防范道德风险，地方政府对其举借的债务负有偿还责任，中央政府实行不救助原则。各级政府要制定应急处置预案，建立责任追究机制。地方政府出现偿债困难时，要通过控制项目规模、压缩公用经费、处置存量资产等方式，多渠道筹集资金偿还债务。地方政府难以自行偿还债务时，要及时上报，本级和上级政府要启动债务风险应急处置预案和责任追究机制，切实化解债务风险，并追究相关人员责任。

（三）严肃财经纪律。建立对违法违规融资和违规使用政府性债务资金的惩罚机制，加大对地方政府性债务管理的监督检查力度。地方政府及其所属部门不得在预算之外违法违规举借债务，不得以支持公益性事业发展名义举借债务用于经常性支出或楼堂馆所建设，不得挪用债务资金或改变既定资金用途；对企业的注资、财政补贴等行为必须依法合规，不得违法为任何单位和个人的债务以任何方式提供担保；不得违规干预金融机构等正常经营活动，不得强制金融机构等提供政府性融资。地方政府要进一步规范土地出让管理，坚决制止违法违规出让土地及融资行为。

五、完善配套制度

（一）完善债务报告和公开制度。完善地方政府性债务统计报告制度，加快建立权责发生制的政府综合财务报告制度，全面反映政府的资产负债情况。对于中央出台的重大政策措施如棚户区改造等形成的政府性债务，应当单独统计、单独核算、单独检查、单独考核。建立地方政府性债务公开制度，加强政府信用体系建设。各地区要定期向社会公开政府性债务及其项目建设情况，自觉接受社会监督。

（二）建立考核问责机制。把政府性债务作为一个硬指标纳入政绩考核。明确责任落实，各省、自治区、直辖市政府要对本地区地方政府性债务负责任。强化教育和考核，纠正不正确的政绩导向。对脱离实际过度举债、违法违规举债或担保、违规使用债务资金、恶意逃废债务等行为，要追究相关责任人责任。

（三）强化债权人约束。金融机构等不得违法违规向地方政府提供融资，不得要求地方政府违法违规提供担保。金融机构等购买地方政府债券要符合监管规定，向属于政府或有债务举借主体的企业法人等提供融资要严格规范信贷管理，切实加强风险识别和风险管理。金融机构等违法违规提供政府性融资的，应自行承担相应损失，并按照商业银行法、银行业监督管理法等法律法规追究相关机构和人员的责任。

六、妥善处理存量债务和在建项目后续融资

（一）抓紧将存量债务纳入预算管理。以2013年政府性债务审计结果为基础，结合审计后债务增减变化情况，经债权人与债务人共同协商确认，对地方政府性债务存量进行甄别。对地方政府及其部门举借的债务，相应纳入一般债务和专项债务。对企事业单位举借的债务，凡属于政府应当偿还的债务，相应纳入一般债务和专项债务。地方政府将甄别后的政府存量债务逐级汇总上报国务院批准后，分类纳入预算管理。纳入预算管理的债务原有债权债务关系不变，偿债资金要按照预算管理要求规范管理。

（二）积极降低存量债务利息负担。对甄别后纳入预算管理的地方政府存量债务，各地区可申请发行地方政府债券置换，以降低利息负担，优化期限结构，腾出更多资金用于重点项目建设。

（三）妥善偿还存量债务。处置到期存量债务要遵循市场规则，减少行政干预。对项目自身运营收入能够按时还本付息的债务，应继续通过项目收入偿还。对项目自身运营收入不足以还本付息的债务，可以通过依法注入优质资产、加强经营管理、加大改革力度等措施，提高项目盈利能力，增强偿债能力。地方政府应指导和督促有关债务举借单位加强财务管理、拓宽偿债资金渠道、统筹安排偿债资金。对确需地方政府偿还的债务，地方政府要切实履行偿债责任，必要时可以处置政府资产偿还债务。对确需地方政府履行担保或救助责任的债务，地方政府要切实依法履行协议约定，作出妥善安排。有关债务举借单位和连带责任人要按照协议认真落实偿债责任，明确偿债时限，按时还本付息，不得单方面改变原有债权债务关系，不得转嫁偿债责任和逃废债务。对确已形成损失的存量债务，债权人应按照商业化原则承担相应责任和损失。

（四）确保在建项目后续融资。地方政府要统筹各类资金，优先保障在建项目续建和收尾。对使用债务资金的在建项目，原贷款银行等要重新进行审核，凡符合国家有关规定的项目，要继续按协议提供贷款，推进项目建设；对在建项目确实没有其他建设资金来源的，应主要通过政府与社会资本合作模式和地方政府债券解决后续融资。

七、加强组织领导

各地区、各部门要高度重视，把思想和行动统一到党中央、国务院决策部署上来。地方政府要切实担负起加强地方政府性债务管理、防范化解财政金融风险的责任，结合实际制定具体方案，政府主要负责人要作为第一责任人，认真抓好政策落实。要建立地方政府性债务协调机制，统筹加强地方政府性债务管理。财政部门作为地方政府性债务归口管理部门，要完善债务管理制度，充实债务管理力量，做好债务规模控制、债券发行、预算管理、统计分析和风险监控等工作；发展改革部门要加强政府投资计划管理和项目审批，从严审批债务风险较高地区的新开工项目；金融监管部门要加强监管、正确引导，制止金融机构等违法违规提供融资；审计部门要依法加强对地方政府性债务的审计监督，促进完善债务管理制度，防范风险，规范管理，提高资金使用效益。各地区、各部门要切实履行职责，加强协调配合，全面做好加强地方政府性债务管理各项工作，确保政策贯彻落实到位。

国务院
2014 年 9 月 21 日

案例正文附件二：《四川省人民政府关于印发四川省政府性债务管理办法的通知》

四川省人民政府关于印发四川省政府性债务管理办法的通知
2015 年 1 月 9 日

各市（州）、县（市、区）人民政府，省政府各部门、各直属机构，有关单位：

《四川省政府性债务管理办法》已经省政府第 73 次常务会议审议通过，现印发给你们，请认真贯彻执行。

四川省政府性债务管理办法

第一章　总　　则

第一条　为规范我省政府性债务管理，防范政府债务风险，根据《中华人民共和国预算法》、《国务院关于深化预算管理制度改革的决定》（国发〔2014〕45 号）、《国务院关于加强地方政府性债务管理的意见》（国发〔2014〕43 号）规定结合我省实际，制定本办法。

第二条　我省省级、市（州）级、县（市、区）级政府性债务的举借、使用、偿还、监督等相关管理适用本办法。

第三条　本办法所称政府性债务包括政府债务和或有债务。

（一）政府债务指各级政府为公益性事业发展举借，需地方政府承担偿还责任的债务。具体包括：经国务院批准纳入政府债务管理的存量债务；通过发行地方政府债券形成的债务；符合国家规定的在建项目后续融资形成，需地方政府承担偿还责任的债务。

（二）或有债务指存量债务中政府负有担保责任和可能承担一定救助责任的债务，以及国务院批准锁定存量后新发生的政府依法担保债务。

第四条　政府性债务管理应当遵循以下基本原则：

（一）量力而行、风险可控。政府债务规模应当与经济社会发展需要和财政承受能力相适应，对政府债务规模实行限额管理。坚决防止发生区域性和系统性风险，防范化解财政金融风险。

（二）分级负责、归口管理。政府性债务实行分级管理，全省各级人民政府是政府性债务的管理责任主体。财政部门是政府性债务的归口管理部门，其他相关部门根据职责分工开展工作。

（三）程序规范、强化约束。建立规范的政府举债融资机制，严格履行债务举借程序。实施政府债务预算管理，严格限定债务资金用途。健全债务风险预警、应急处置、考核问责机制。

（四）明确责任、依法偿债。坚持"谁举债、谁偿还"，落实偿债责任，明确偿债来源，按时还本付息，不得单方面改变债权债务关系，不得转嫁债务或逃废债务。省级不承担市、县级政府债务的偿还责任。

第五条　建立全省政府性债务管理协调机制。

（一）全省各级人民政府负责统筹协调本行政区域范围内的政府性债务管理工作，推进政府债务管理机制建设，审定债务举借方案，研究制定应急处置预案，组织实施债务管理考核。

（二）财政部门负责制定完善政府性债务管理制度，组织开展政府债务规模控制、预算管理、债券发行、风险预警、统计分析、信息公开等相关工作。

（三）发展改革部门负责政府投资计划管理和项目审批，按照相关规定严格控制债务高风险地区新开工项目。

（四）金融监管部门负责对金融机构向政府及其部门（单位）的融资行为实施监管，制止金融机构违法违规提供融资。发现违法违规融资行为，应及时报告本级人民政府和上一级金融监管部门。

（五）审计部门负责实施政府性债务的审计监督，促进完善债务管理制度，提高资金使用效益。

（六）部门（单位）负责本部门（单位）债务管理工作。

第二章　债务举借

第六条　全省政府债务由省政府统一举借。市（州）、县（市、区）（以下简称"市、县"）政府确需举借债务由省政府代为举借，通过转贷方式安排市、县。

第七条　政府债务只能通过政府及其部门举借，不得通过企事业单位举借。剥离融资平台公司政府融资职能，融资平台公司不得新增政府债务。

第八条　举借政府债务应当确定偿债资金来源，制定债务偿还计划。

第九条　举借政府债务采取发行地方政府债券方式。没有收益的公益性事业发展举借一般债务，通过发行一般债券融资；有一定收益的公益性事业发展举借专项债务，通过发行专项债券融资。全省各级人民政府及其部门不得通过其他任何方式举借政府债务。

第十条　全省地方政府债券发行由财政厅按照财政部相关规定组织实施。

第十一条　政府债务规模实行限额管理，债务限额主要根据政府债务风险和财力状况确定。

（一）债务高风险地区应严格控制新开工项目，原则上不得新增债务余额，应当采取措施逐步降低风险。债务规模下降到限额之前，按照"增减挂钩"原则，经规定程序审核后准予在当年偿还债务额度内适度举借债务。

（二）债务风险相对较低地区，应当合理控制政府债务规模和增长速度。一般债务规模增长应与经济发展水平和财政收入增长相协调；专项债务规模增长应与对应的政府性基金和专项收入增长相协调。

第十二条　分级核定政府债务限额和举债规模。

（一）省政府在国务院批准限额内合理确定全省举债规模，报省人大常委会批准。根据省人大常委会批准的债务规模，统筹全省政府债务举借，核定省级和市、县债务规模。

（二）市、县政府在省政府核定限额内合理确定本地区举债规模，按规定报本级人大常委会批准。

第十三条 国际金融组织和外国政府贷款举借按国家有关规定执行，属于政府债务的纳入规模限额管理。

第十四条 政府新发生或有债务，应当严格限定在《中华人民共和国担保法》规定的担保范围内，并根据担保合同承担相关责任。政府部门（单位）担保事项应事先由本级财政部门审核后报经同级政府同意。

第十五条 推广政府与社会资本合作（PPP）模式，鼓励社会资本通过特许经营等方式，参与有一定收益的公益性事业投资运营。政府对投资者或特别目的公司按约定规则依法承担特许经营权、合理定价、财政补贴等相关责任，不承担投资者或特别目的公司的偿债责任。

第十六条 金融机构等债权人应当加强风险识别和风险管理，不得违法违规向地方政府提供融资，不得要求地方政府违法违规提供担保，违法违规提供融资应自行承担损失。金融机构购买地方政府债券应当符合监管规定。

第三章 预算管理

第十七条 政府债务收支分类纳入全口径预算管理。一般债务收支纳入一般公共预算；专项债务收支纳入政府性基金预算。政府债务预算收入包括地方政府债券、转贷收入等；政府债务预算支出包括项目支出、还本支出、付息支出、转贷支出等。

第十八条 政府债务收支实行分级预算管理。省、市、县三级政府将债务收支纳入本级预算管理。

第十九条 政府债务收支预算实行分层编制。按照管理隶属关系分别核定单位债务收支、部门债务收支和政府债务收支，分层编入单位预算、部门预算和政府预算。

第二十条 年度终了，各级财政部门应当将政府债务收支编入政府财政决算草案，按照规定程序由本级政府审定后，报本级人大常委会审查批准。

第二十一条 或有债务纳入预算监管范围，以预算报表备注或附表方式向本级人大或其常委会报告。对依法应由政府承担偿债责任的或有债务，偿债资金纳入预算管理。

第二十二条 经国务院批准纳入政府债务管理的存量债务分类纳入预算管

理，原有债权债务关系不变，不得转嫁偿债责任。

第二十三条　根据债务规模和风险状况，分级建立政府偿债准备金。偿债准备金通过本级预算安排，主要用于到期政府债务偿还、或有债务垫付以及债务人最终无法偿还的债务清偿。财政厅对市、县偿债准备金设立和筹集情况进行监督考核。国际金融组织和外国政府贷款偿债准备金的设立和计提按有关规定执行。

第四章　资金使用

第二十四条　政府债务资金只能用于公益性资本支出和适度归还存量债务，不得用于经常性支出。公益性资本支出主要包括：市政设施、垃圾处理、公共交通、公共卫生、文化体育、教育科研、环境整治、水利设施、保障性安居工程等。

第二十五条　政府债务资金全额纳入国库，实行专账管理。对中央出台的重大政策措施形成的政府债务，应当予以单独核算。

第二十六条　严格执行政府债务支出预算，及时足额拨付债务资金。债务资金必须专款专用，未经财政部门批准不得改变资金用途。债务单位应当定期向本级财政部门报送政府债务项目财务报告和资金使用情况。

第二十七条　使用政府债务资金的公益性项目应按照项目管理要求，严格执行基本建设管理程序，全面落实《中华人民共和国招标投标法》《中华人民共和国政府采购法》等相关规定。

第二十八条　强化政府债务资金使用绩效。全省各级人民政府应当强化政府债务资金使用的跟踪监督和绩效评价。

第五章　债务偿还

第二十九条　分类落实偿债资金。

（一）政府债务偿还。对没有收益的公益性事业发展项目举借的一般债务，主要通过一般公共预算安排支出偿还；对有一定收益、计划偿债来源依靠项目对应的政府性基金或专项收入能够实现风险内部化的专项债务，通过政府性基金或专项收入偿还。

（二）或有债务偿还。按照协议约定，由债务人落实偿债资金；按规定认定确需政府负责偿还的债务，依法履行法定程序后，偿债资金比照前款规定纳入预算管理。

第三十条　政府债务偿债资金来源主要包括：

（一）一般公共预算和政府性基金预算安排的偿债资金；

（二）经批准动用的地方政府债券资金；

（三）经批准动用的偿债准备金；

（四）未纳入预算管理的债务项目收益和债务单位事业收入、经营收入、资产出让收入等。

第三十一条　使用政府债务资金的单位无法按照原定偿债计划安排偿债资金，由财政安排偿债准备金或其他资金先行垫付偿还，债务单位应制定还款计划并及时归垫财政资金。债务单位如不能按计划归垫，财政部门可通过预算扣减等方式予以追偿。对未按时偿还到期债务、未及时归垫财政垫付资金的单位，不得新增安排地方政府债券资金。

第三十二条　分类处置存量债务。

（一）企事业单位债务。由事业单位和融资平台公司自身运营收入还本付息的存量债务，不纳入政府债务范围，应当继续由企事业单位自身运营收入安排偿还；对单位自身运营收入不足以偿还的存量债务，可以通过注入优质资产、加强经营管理等多种措施，提高项目盈利水平，增强偿债能力。

（二）或有债务。对确需地方政府履行担保或救助责任的存量或有债务，如债务单位无法履行偿还责任，全省各级人民政府应当依法履行协议约定，并将偿债资金纳入预算管理。

（三）政府债务。对经国务院批准纳入政府债务管理的存量债务，全省各级人民政府应切实履行偿债责任，必要时可以处置政府资产偿还债务。

第三十三条　对经国务院批准纳入政府债务管理的存量债务，按照相关规定履行报批程序后，可申请发行地方政府债券偿还（置换）债务，降低利息负担，优化期限结构，缓释偿债风险。

第六章　风险防控

第三十四条　全省各级人民政府应当建立政府债务风险防控机制，健全完善防范化解措施，有效控制政府债务风险。

第三十五条　省政府根据市、县债务总量、债务结构、综合财力等相关因素，测算债务率、新增债务率、偿债率、逾期债务率等债务风险指标，评估市、县债务风险状况。评估结果作为确定市、县政府债务限额的主要依据，定期向市、县政府进行通报预警。

各级财政部门负责根据到期偿债规模、偿债资金来源、资产负债水平等指标评估本级债务单位风险情况，及时实施风险提示。

第三十六条　防范事业单位和融资平台公司债务风险向政府转移。事业单位和融资平台公司债务严格限定由自身运营收入偿还，不得新增政府债务。建立事业单位和融资平台公司的偿债保障、风险防控机制，举债规模不得超过自身偿债能力。

第三十七条　全省各级人民政府应当制定风险应急处置预案，出现偿债危机时须及时上报上一级人民政府，按照预案设置启动债务风险应急处置措施和追究相关责任。

<h3 style="text-align:center">第七章　监督问责</h3>

第三十八条　全省各级人民政府及其部门应当加强政府性债务统计监控、考核评价、信息公开、考核问责等工作。

第三十九条　健全政府性债务统计制度。债务信息作为债务风险预警、规模控制、考核评价的基本依据，债务单位、主管部门和财政部门应当对信息的真实性负责。

（一）债务单位应当及时将债务举借、偿还、使用等相关信息逐笔录入全省政府性债务信息系统。中央出台重大政策措施形成的政府债务和或有债务应当单独统计、单独管理。

（二）主管部门负责审核汇总本部门政府债务和或有债务情况并向本级财政部门报送统计报告。

（三）财政部门负责审核汇总本地区政府债务和或有债务情况，并向本级人民政府和上级财政部门报送统计报告。

第四十条　建立完善政府债务考核机制。上级人民政府将政府债务管理情况纳入对下级人民政府的绩效考核范围。财政部门将政府债务管理情况纳入市、县财政运行绩效考核范围。

第四十一条　加强政府性债务审计监督，将政府性债务的举借、管理、使用、偿还和风险管控情况纳入党政主要领导干部经济责任审计范围，审计结果作为组织人事部门对领导干部进行考核、任免、奖惩的重要依据。

第四十二条　完善政府性债务报告制度，定期向本级人大或其常委会报告政府债务和或有债务情况。加快建立权责发生制的政府综合财务报告制度，全面反映政府资产负债状况。

第四十三条　建立政府性债务信息公开制度，依法定期向社会公开政府债务和或有债务情况，主动接受社会监督。

第四十四条　健全对违法违规举借和使用政府债务行为的责任追究制度。存在下列行为之一的，依照《中华人民共和国预算法》责令改正，对负有直接责任的主管人员和其他直接责任人员追究行政责任，依法给予降级、撤职、开除的处分。

（一）政府债务不纳入预算管理；

（二）超过债务限额举债；

（三）不按规定方式举借政府债务；

（四）违法对单位和个人举借债务提供担保；

（五）挪用债务资金或改变资金用途；

（六）不公开或提供虚假政府债务信息。

对恶意转嫁或逃废债务，强制金融机构提供政府性融资，以及其他违反政府债务管理相关法律法规的行为，依照《财政违法行为处罚处分条例》等规定对相关单位和责任人予以处罚处分。

违反本办法规定，构成犯罪的，依法追究刑事责任。

第八章　附　　则

第四十五条　按照国务院统一部署，存量债务明确为 2014 年 12 月 31 日前未予清偿完毕的债务。

第四十六条　本办法自印发之日起施行，有效期 5 年。我省以前政府性债务管理规定与本办法不一致的，按本办法执行。

案例4 百融金服——互联网征信公司案例研究*

案例编写人：肖韶峰 涂裕春 彭志雄 奉 佳 杨胜利 高 锦

摘要： 百融金服公司成立于2014年3月，是一家利用大数据技术为金融行业提供客户全生命周期管理产品和服务的高科技公司。本案例介绍了百融金服的背景、主要产品及商业模式，并探讨了其与客户的实际合作案例。百融金服致力于以大数据技术为手段，运用旗下反欺诈、信用评估和百融评分等主要产品精准识别客户，为金融机构搭建高效的风控和营销体系，其商业模式包括精准营销、覆盖金融客户全生命周期管理的风险控制和与客户联合建立风控模型。

关键词： 大数据风控；商业模式；互联网征信

引 言

随着互联网技术与信息通信技术的普及，"互联网＋"应用于各个领域，颠覆了人们的传统生活方式。当人们的行为足迹遍布互联网的各个角落时，仅仅通过数据维度单一的传统征信模型及方法来评价个人的信用状况，存在诸多局限。在这种背景下，互联网征信应运而生。利用大数据技术采集用户线上线下多维度海量行为数据，并利用云计算、机器学习、人工职能等技术对采集的用户行为数据进行深入挖掘分析和构建全新的信用评估模型，互联网征信大大

＊ 本案例由西南民族大学经济学院的肖韶峰、涂裕春、彭志雄、奉佳、杨胜利以及高锦共同撰写，作者拥有著作权中的署名权、修改权、改编权；由于企业保密的要求，在本案例中对有关名称、数据等做了必要的掩饰性处理；本案例只供课堂讨论之用，并无意暗示或说明某种金融行为是否有效。非常感谢百融金服公司与熊薇女士的鼎力协助。

弥补了传统征信体系在个人信用精准性、有效性上的不足。其次，虽然央行征信系统接入机构数及查询量不断增长，但目前征信体系对于个人及企业的覆盖率仍然偏低。有贷款记录的个人和企业占收录数量的比例分别仅为 42.5% 及 27.6%①，与国际市场相比，国内征信市场仍是一片蓝海。从个人征信市场预计，若能达到美国的征信普及水平，则我国个人征信市场规模尚有 16 倍的增长空间，这为新兴的互联网征信提供了广阔的市场前景。正是在这样一种背景下，百融金服悄然出现并迅速成长，立志成为国内最大的第三方征信、风控及营销服务提供商。百融金服在大数据处理和风险建模等技术层面、产品和服务以及商业模式上拥有自身独特优势，可以为金融行业提供第三方风控及精准营销服务，帮助金融企业提升风控管理的质量，提高运营效率，降低营运成本。

1. 公司简介

1.1　百融的成长

百融金服的前身是成立于 2009 年 7 月的百分点科技有限责任公司，其以个性化推荐引荐为核心，帮助电商客户获取流量、转化流量并进行商业智能分析。伴随着技术变革和商业模式的创新，作为新型技术的代表，大数据及其应用正在金融行业逐步推开，数据是金融企业重要资产的理念已经被业内广泛内同，一些依赖于互联网和大数据工具的新兴业务类型纷纷出现。另外在金融企业的需求中，重中之重是风控需求。正是在这样一种条件下，再加上经过 5 年多的积累和发展的百分点已经形成了包括 5 亿左右的实名用户数据和 7 亿左右的匿名用户数据的大数据基础。于是，专门开展大数据风控的金融行业事业部在百分点旗下成立，2014 年 3 月，金融行业事业部从百分点独立出来，成为今天的百融金服公司，如图 1 所示。

---

① 数据来源：中国人民银行。

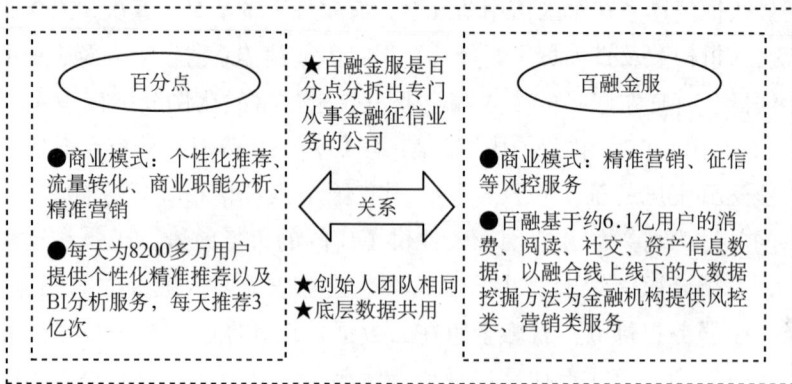

图1　百融金服与百分点的关系

资料来源：根据百融金服提供的资料整理。

1.2　百融的愿景

百融金服自成立起就秉持公正、中立、客观的第三方立场，不会存在既当"裁判员"又当"运动员"的利益博弈。坚持社会良知和责任，坚持开放、互补的数据联盟战略，致力于运用新技术、新手段，为金融机构搭建营销与风控体系，立志成为国内金融领域最大的第三方征信、风控及营销服务提供商。并以传播诚信文化理念，开拓诚信生态环境为己任，为全民信用体系建设及普惠金融的实现贡献一己之力。2014年百融金服成功获得由中国人民银行颁发的企业征信牌照（企业征信牌照见附件1），并于2016年获得公安部颁发的国家信息安全等级保护三级认证，标志着百融金服已经具备媲美大型银行的信息系统安全评级。目前，百融金服在积极筹备和规范个人征信业务，并准备申请个人征信牌照，未来将涉足前景广阔的个人征信行业。

1.3　百融的公司治理

大数据征信行业的独特性，造就了百融金服公司治理组织结构和内部控制机制上的独特性。大数据平台的搭建及数据的安全管理是大数据征信服务企业的根本。为了实现数据的安全管理，百融金服构建了以信息安全管理委员会、数据管理委员会和信用合规委员会为特点的公司治理组织结构，以及在此基础上制定了关于数据安全管理、信用合规查询、征信内控等内部控制机制，如图2所示。

1.3.1 百融的公司治理架构

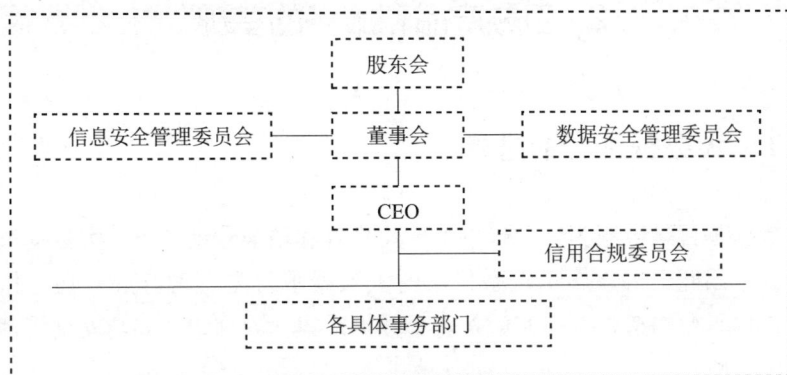

图2 公司治理组织结构

资料来源：根据百融金服提供的资料整理。

凭借卓越的市场表现和巨大发展潜力，百融金服于2015年完成由中国华融资产管理公司领投的B轮融资。目前百融金服的股东包括华融资产、浙报传媒、高瓴资本、红杉资本、IDG资本、华兴资本等。

1.3.2 百融的内部控制

以三大专门委员会为基础，制定了相应的内部控制机制。

信息安全管理委员会的职责是指导业务拓展部、内控部和客服部等相关业务部门，制定相关征信内控制度，对公司财务、合规、风险评价、投资决策等报告内容及程序的审核质询，直接对董事会汇报公司全面风险管理情况，提请改进和审议公司风险控制流程并监督公司管理层执行改进。该委员会设立的征信内控制度包括：信息报送管理制度、系统用户管理制度、信息系统操作流程、合作方数据安控办法、数据质量与异议维护管理办法、岗位风险管理制度、内部风险审计制度、信息系统安全管理办法等。

数据管理委员会是数据质量工作的最高决策管理组织，具体职责包括对重大数据质量事项进行决策、监督数据质量整改工作执行情况、审批公司数据质量考评方案并监督考评结果、定期报告公司数据质量工作情况。

信用合规委员会负责定期开展信用合规自查，自查结果制成信用合规报告报送公司最高管理层及外部监管部门，并根据政府政策、法规实时制定或更新信用合规管理制度，审核公司信用业务合规水平，防控风险并及时纠错。该委员会还对每个项目进行立项审查，防止出现洗钱、贿赂、不当竞争等违反国家法律与公司制度的行为。

2. 百融产品和服务的基础

2.1 大数据平台的搭建

大数据是百融金服为客户提供个性化推荐和精准营销服务、大数据风控服务的基础。因此，搭建属于百融自己的大数据平台是百融开展一切工作的根本。大数据平台的搭建，其实就是一个数据采集、处理、存储与安全管理的过程，如图 3 所示。

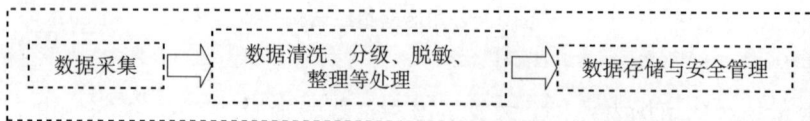

图 3　大数据平台搭建的具体过程

资料来源：根据百融金服提供的资料整理。

2.1.1　线上线下跨平台多渠道、多维度采集数据

数据的采集是大数据平台搭建最重要的环节，如何在合法合规的前提下获取真实、全面、及时的信息，是百融搭建大数据平台的核心工作。百融在数据采集方面制定了自己的原则：第一，坚持信息采集的依法合规，不触碰监管红线。第二，坚持客观、独立、公允的第三方立场。作为主要为金融机构提供风控服务的征信平台，不会存在既当"裁判员"又当"运动员"的利益博弈。第三，坚持数据信息采集的真实性、全面性、及时性、持续性。

线上线下结合的跨平台多渠道、多维度进行实时数据的获取是百融获取数据的方式。在采集数据的渠道方面，主要包括以下六类：一是信息主体自主提供；二是通过百分点开展推荐引擎服务的 1 500 多家线上电商、媒体、社区提供；三是通过开展大数据技术服务和 O2O 服务的线下零售商、品牌商提供；四是由金融领域展开合作的银行、保险、证券、基金、小额贷款公司、互联网金融机构提供；五是展开战略合作的第三方数据源；六是一些由公共部门包括政府部门、司法部门在依法履职过程中产生的公开信息（包括法人和公民的资质、奖励、表彰、屏蔽、纪律处分、行政处罚、法院、欠税等信息）。在采集数据的维度方面，主要包括信息主体的个人基本信息、线上线下消费行为、金融消费行为、社交、游戏、航空消费、旅游、娱乐、阅读偏好、信息主体行政处分、犯罪、电信运营商欠费等公共记录上千种维度的数据。

加上百融前身百分点在成立五年过程中通过云推荐引擎技术（跨商家、跨浏览器、跨PC与移动设备、跨微信）和大数据分析云技术成功服务1 500多家线上线下企业，积累了上千家企业交易数据以及数亿个人用户数据，包括消费、阅读、社交等多维信息。至此，百融数据库已经积累了约6.1亿实名用户和约10.8亿匿名用户的多维度数据，并且百融数据库还在以毫秒量级内更新用户数据。这些数据为百融开展精准营销、大数据风控、协助客户建模等服务奠定了坚实的基础。

2.1.2　数据清洗、分级、脱敏、整理等处理

（1）数据清洗、分级。在采集数据之后，首先需要对采集的数据进行清洗，以剔除掉没有实际应用价值的数据。另外在对数据进行清洗的过程中，将用户数据按照保密度从低到高的顺序筛选出来（这一过程叫数据分级）：

- 用户匿名唯一编号。该编号无法对应到现实世界中一个具体的人。
- 用户的人口统计信息。包括年龄、性别、职业、受教育程度等信息。
- 用户行为信息。包括消费、阅读等行为信息。
- 用户PII信息（Personal Identifiable Information，个人可识别信息①）。即用户个人身份信息或者联系方式，包括姓名、身份证、手机号、邮箱等可以在现实世界中对应到一个具体的人的信息。

一般认为涉及信息主体身份信息、行为信息等的数据称为敏感数据。其中"用户匿名唯一编号"类数据不敏感，后三类数据较敏感，尤其是最后一类数据。

（2）数据脱敏——数据的隐私保护。百融数据库中敏感的数据是用户PII信息，因为PII信息是用户在现实世界中的联系方式。一旦一批含有PII信息的数据进入到百融金服数据库中，这批数据将面临的第一道自动处理工序就是"PII脱敏"。假设一位姓名叫"张三"、手机号是"13000000000"、身份证号是"517087198703180917"的用户的数据进入到了数据库中，那么"PII脱敏"的具体做法是将姓名、手机号、身份证号这样的实名联系方式转换为类似于"f4&＊Gx（8@3Y"这样的匿名用户编号。这道"PII脱敏"工序是不需要人工参与的，因此在脱敏过程中，百融金服的员工无法接触到用户PII信

---

① 个人可识别信息（Personal Identifiable Information，PII），即用户信息，包括姓名、身份证、手机号、邮箱等可以在现实世界中对应到一个具体的人的信息。

息。以后"张三"这名用户在百融金服数据库中的代号就变为"f4&＊Gx（8@3Y"，对该用户相关信息的一切加工处理都将围绕"f4&＊Gx（8@3Y"这个代号来进行。百融金服的员工在处理该用户的数据时，也只能看见"f4&＊Gx（8@3Y"这个代号，而并不清楚"f4&＊Gx（8@3Y"这个代号对应的是现实世界中的具体哪一个人。之所以要对敏感的数据进行脱敏，其目的主要在于对信息主体的 PII 等敏感信息进行隐私保护。

2.1.3 数据存储与安全管理

线上线下结合的跨平台多渠道、多维度实时获取的数据，在经过清洗、分级、脱敏及整理之后，最终存储在百融数据库中。但不同于用户匿名编码数据，敏感性最强的用户的真实 PII 信息数据，需要被独立的存放在百融数据库中，在全公司范围内受到最高级别的监管。任何人员或应用要访问用户 PII 信息，都需要经过以下流程：首先，申请者需要向百融金服数据管理委员会申报，审批通过后还需要输入 3 道授权密码才能进入 PII 查询系统。这 3 道密码由数据管理委员会的 3 位成员分别管理，但这 3 位成员并不固定，而是定期轮换。数据管理委员会之外的人并不知道当前这一刻是哪 3 位成员在掌管这 3 道密码。

另外，并非那些没有被独立存放的非敏感数据，就不需要严格管理。对于非敏感信息数据，百融金服同样也有严格的管理：通过将数据进行分块，使得每位员工都只能看到一部分匿名用户的一部分属性信息。下面具体说明管理办法。

假设百融金服数据库中一共有 4 个用户，每个用户有 4 个属性，那么这 4 个用户的完整描述可以用下面这个 4×6 的表格来表示。百融金服的系统将行号为 1 和 2、属性编号为 1 和 2 的数据交给 1 号员工管理；将行号为 1 和 2、属性编号为 3 和 4 的数据交给 2 号员工管理；将行号为 3 和 4、属性编号为 1 和 2 的数据交给 3 号员工管理；将行号为 3 和 4、属性编号为 3 和 4 的数据交给 4 号员工管理，如表 1 所示。

表1   用户属性信息

行号	匿名用户编号	属性1	属性2	属性3	属性4
1	f4&＊Gx（8@3Y	员工1	员工1	员工2	员工2
2	g4&＊Gx（8@3Y	员工1	员工1	员工2	员工2
3	h4&＊Gx（8@3Y	员工3	员工3	员工4	员工4
4	i4&＊Gx（8@3Y	员工3	员工3	员工4	员工4

以上的数据分块方法能够保证每一位员工都只能看到部分用户的部分属性

信息，从而进一步大幅度降低数据泄露所带来的危害。

2.2　大数据处理技术与风险建模

2.2.1　大数据处理技术

　　大数据处理、分析技术是百融提供精准营销和风控服务的基础。百融金服几乎最早做金融行业大数据服务的互联网高新技术企业，在大数据处理技术和能力上积累了深厚的基础。百融的基于 Hadoop 框架开发的大数据处理技术，具有高效、灵活的特点。而在云端大数据存储技术上具备流式处理实时数据、密集处理活跃数据、存档备份数据的优势。

　　运用大数据处理技术，一方面，通过对用户的基本信息和线上、线下的消费、金融、阅读、社交、娱乐、航空、旅游、游戏、支付等行为数据进行分析，能够准确地识别、定义、分类和分析客户，并预测其未来的购买偏好和消费主张以及核心诉求，进而为精准营销提供了依据；另一方面通过对用户的基本信息数据和行为数据进行分析，可以评估用户的信用风险，比如评估用户的欺诈率和违约率的高低，为贷前的反欺诈等风控提供了依据。另外通过对挖掘的海量数据进行分析，可以淘汰若变量，筛选出强变量，为后续的风险建模做铺垫。

2.2.2　风险建模

　　百融的风险建模主要包括两大类，一是百融反欺诈建模；二是百融信用风险建模。

　　百融反欺诈模型是基于决策树算法和专家经验判断的混合型评分模型，使用定量的方法反映客户的欺诈风险，弥补人工审核盲区，缩短欺诈审核时间。模型结合反欺诈方面的专家经验，通过数据整合、抽样、变量分析、交叉验证、预测力检验、欺诈专家筛选变量、创建欺诈评分模型、模型评估和模型检测的工作程序，实现用分值来预测客户的欺诈可能性。一旦模型开始使用，就需要持续监控模型应用效果，并跟踪市场欺诈行为的变动，对模型变量和分值进行调整。

　　信用风险建模一般是对用户行为信息，应用"5C 法则"① 进行信用评估。建模的类型可以很多，目的是依据现有数据，尽可能准确地评价用户风险。百融信用风险建模思路主要是借鉴 Zest Finance 模型，使用线上、线下融合的海量非金融与金融数据进行信用风险建模。百融的数据特点也是多维度，包含人

---

　　① 5C 指的是品行（Character）、偿还能力（Capacity）、资本（Capital）、抵押（Collateral）与环境（Condition）五个方面。

口统计学数据、行为数据、资产数据等，数据维度多达几千种。为从海量信息中得到对用户的风险评价，百融需要使用的风险评估模型就要相对传统征信复杂。但总体上可以分为分类模型和算法模型两类。目前，百融使用的分类模型主要有：信用评分模型、信用风险策略模型、信用评级模型、大数据集成模型；使用的算法模型主要有：逻辑回归、决策树、KNN 法（K-Nearest Neighbor）、SVM 法、Bayes 法、神经网络等。如果以传统的信用评分模型为例，我们可以看到这些模型在多维度数据下的基本工作原理，如图 4 所示。

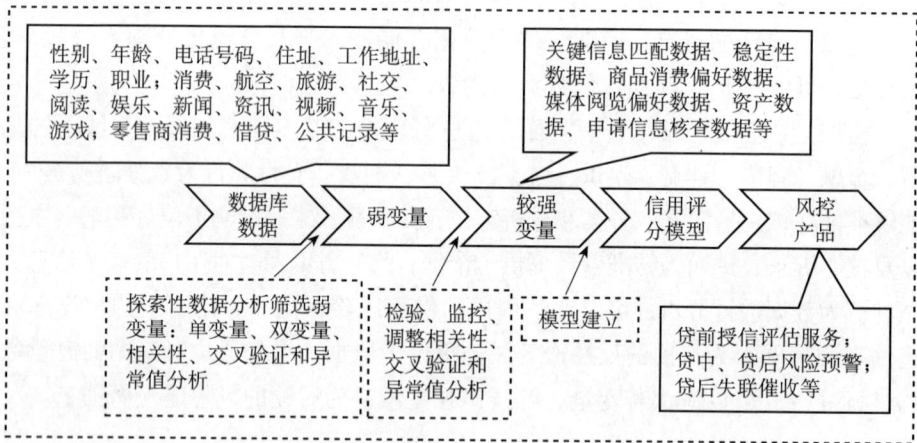

图 4　信用风险建模——信用评分模型

资料来源：根据百融金服提供的资料整理。

3. 主要产品

作为立志于做中国最大的第三方互联网征信公司，百融金服产品主要有百融反欺诈、百融信用评估和百融评分，以及它们的综合应用终端—百融风险罗盘，这些都是未来开展个人征信业务的基础与核心。（百融金服的整体产品体系见附件3）

3.1　百融反欺诈

百融金服欺诈风险识别方法与传统方法的区别主要在于数据的多维度交互验证和模型的动态监控。传统方法主要基于地址核查、电话确认等手段，这种方式能在一定程度上识别欺诈风险，但是仍然会有伪造、伪装等欺诈行为无法被识别，在真实性、交互验证、实时性方面效果均不甚理想。

百融金服的欺诈风险识别方法主要包含以下五个方面：

（1）特殊名单核查。特殊名单核查（黑名单）具体包括银行（含信用卡）/小贷/P2P不良用户、短时逾期用户、欺诈用户（网上人工欺诈、申请欺诈、非本人办卡欺诈等）、电信欠费用户、法院失信被执行人、法院被执行人。

（2）多次申请核查。多次申请信息核查反映了被查询人在百融的虚拟信贷联盟中是否出现了多次信贷申请。以时间为基础，具体包括在同一银行/非银行机构申请信贷的次数、在所有银行/非银行机构申请信贷额次数、申请过信贷的银行/非银行机构总数。

3个月之内申请过至少5次（不管是在一家机构还是多家机构）的申请者，欺诈率是其他群体的3.2倍。

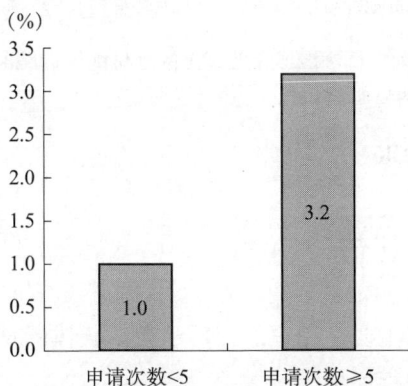

图5　3个月内贷款申请次数与欺诈率情况

数据来源：由百融金服提供。

（3）地址信息核对。百融通过对用户申请时向百融接口传输的数据源地址和用户在百融数据库中的地址之间的距离进行核对分析，进而来判断用户的欺诈风险。从历史分析结果看，向百融接口传输的家庭地址和用户在百融数据库中的地址之间的距离大于21.9公里时，欺诈客户比例较高。且申请家庭地址与百融数据库匹配上地址的最近距离越大欺诈风险相对越高。

（4）手机实名验证。通过对用户手机信息进行实名验证，核对手机信息与身份信息是否相符。当审核的结果不一致时，风险相对较高。

（5）设备反欺诈。设备反欺诈是基于百融的全局设备ID来进行风险识别的。在进行设备反欺诈时，百融需要在合作方的网页中部署百融JS代码，或

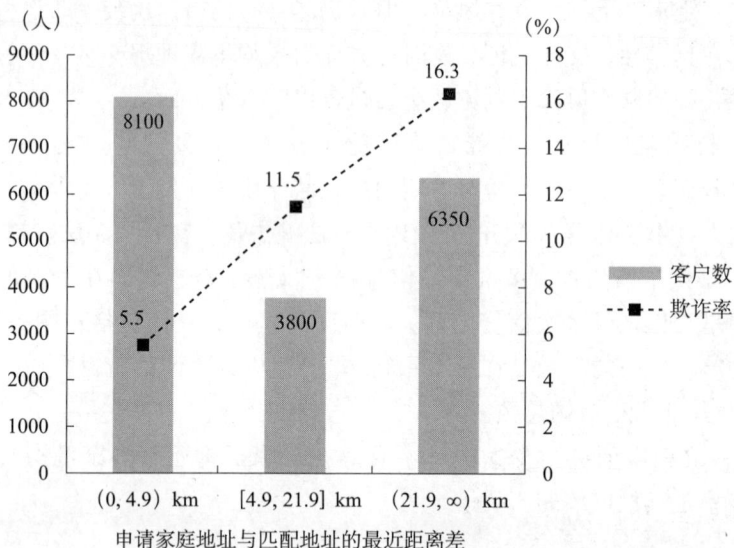

图6　申请家庭地址与百融数据库匹配上的地址的最近距离差与欺诈率情况

数据来源：由百融金服提供。

者在移动端部署百融 SDK。

3.2　百融信用评估

百融信用评估体系主要从用户的商品消费、媒体阅览、收支等级、支付消费、航旅行为等角度进行评估。

3.2.1　商品消费评估

商品消费评估整合了个人在线上线下各品类上的消费数据，目前百融数据库掌握着 2 亿~3 亿[①]用户的消费数据，通过对用户这些消费数据进行分析来判断其在金融借贷行为中的违约率。比如通过分析用户在过去 12 个月内所有类目本地生活消费行为，来判断用户的违约风险。从历史的分析数据来看，过去 12 个月内所有类目本地生活消费等级越高，用户在金融借贷中的违约风险越低。通过分析用户在最近 12 个月网络游戏消费行为，也可以判断用户的违约风险，从历史的分析数据来看，用户在最近 12 个月网络游戏消费金额越高，违约的风险越高（见图7）。

---

① 数据来源：百融金服公开资料显示。

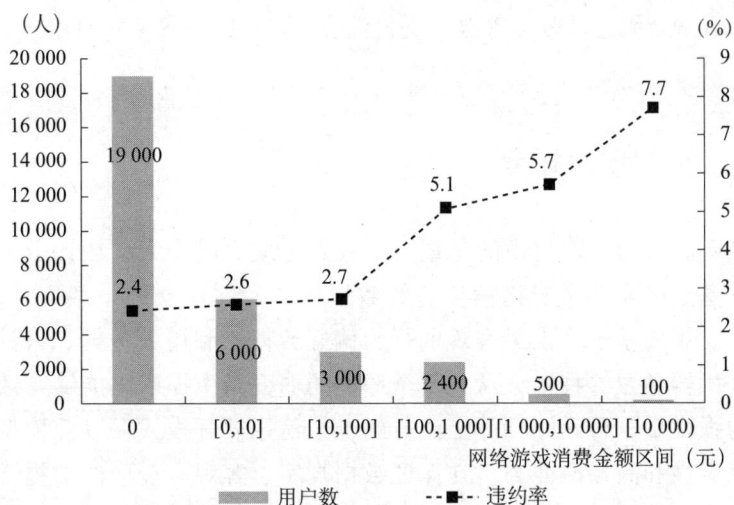

图7 用户网络游戏消费金额与违约率情况

数据来源：由百融金服提供。

3.2.2 媒体阅览评估

媒体阅览评估整合了个人在各类媒体、社区、论坛上的浏览行为数据，目前百融数据库掌握了5 000万～1亿用户的媒体浏览数据，通过对用户这些媒体浏览行为数据进行分析来判断其在金融借贷行为中的违约率。比如通过分析用户最近12个月内财经媒体访问天数来判断其在金融借贷中的违约情况。根据历史数据显示，用户最近12个月内财经媒体访问天数越多，其违约风险越低（见图8）。

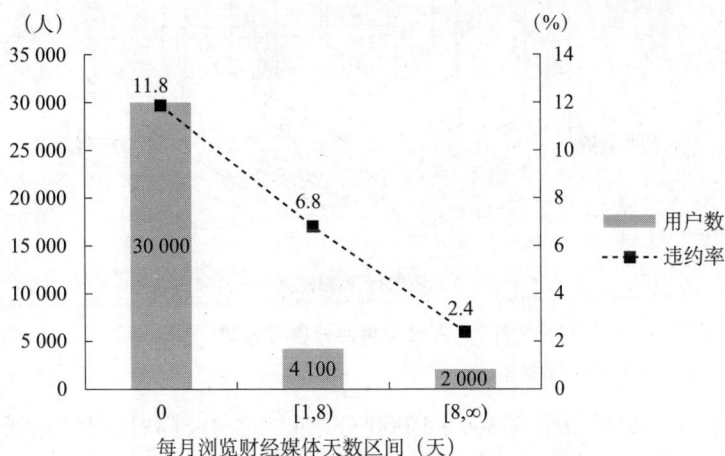

图8 用户每月浏览财经媒体天数与违约率情况

数据来源：由百融金服提供。

另外百融金服还从收支等级、支付消费、航旅行为等角度对用户的信用进行评估。

3.3　百融信用评分

百融金服信用风险建模的最重要结果是生成百融个人信用评分。百融评分模型是基于多家金融机构信贷违约数据样本专门建立的模型，针对性强，覆盖面广。主要基于个人最客观的行为偏好数据，利用大数据、云计算、人工智能和机器学习等技术，从几千个原始的弱变量中提取出能够有效识别好坏客户的强变量，再运用国际上流行的个人信用评分模式，以使模型具备有效性、稳定性和高预测能力。在保证数据真实、客观、全面的前提下，综合评估了百融库的身份匹配数据、用户行为数据、收支等级数据、航旅行为数据、支付消费数据、社交行为数据等，以更加准确的评价个人的信用风险，如图9所示。

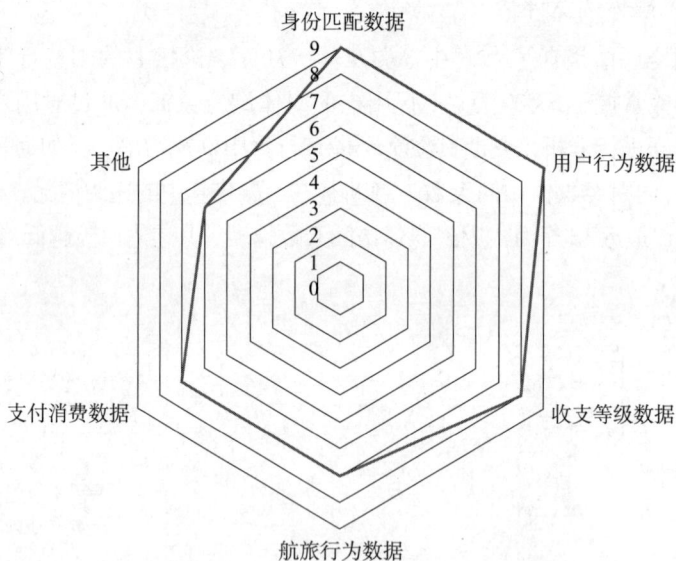

图9　百融信用评分参考因素

资料来源：百融金服官方网站。

百融信用评分的分值在300~1 000分之间，分数越高代表信用风险越低，违约的可能性越小。不同的评分区间与信用风险等级对应如下：

评分区间	风险情况	授信建议
[300，500)	高风险	拒绝
[500，550)	中等风险	关注
[550，1000]	低风险	通过

百融评分各分数段客户百分比及坏客户比例，如图 10 所示。

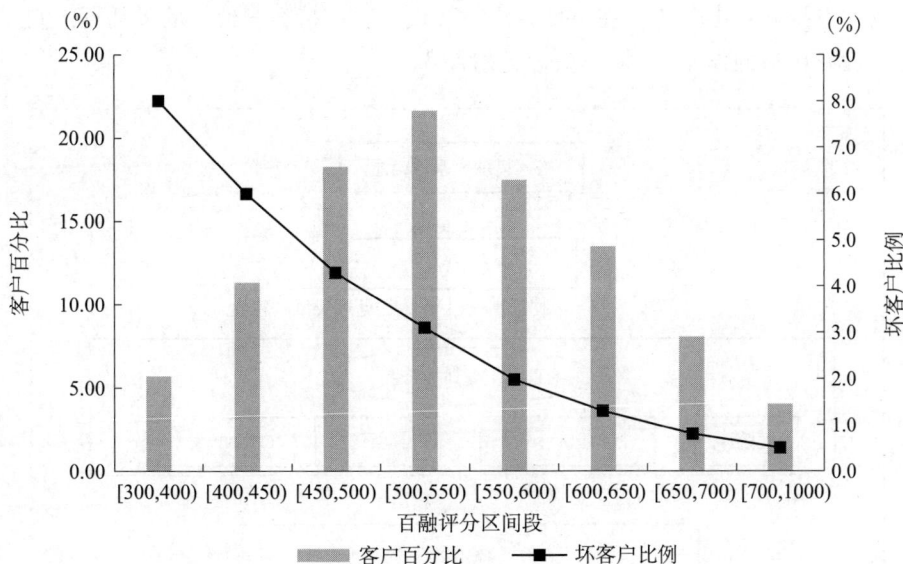

图 10   百融评分各分数段客户百分比及坏客户比例

数据来源：百融金服官方网站。

例如，对某商业银行某借款者的做信用评分，得到百融信用分 656 分，属于低风险类别。从评分内容可以看出，该借款者在游戏、娱乐类活动上花费的时间费用较多，因而信用评分较低（36 分）；相反，在教育、科学类活动上花费的时间费用较多，因而信用评分较高（56 分），这些线上行为变量可以在一定程度上帮助识别借贷申请人信用风险。

3.4   风险罗盘

风险罗盘是百融金服推出的"一站式"风控服务平台，旨在帮助各类型的客户识别、侦测、防范风险，以降低风控成本，最终实现整体运营效率的提升。风险罗盘囊括了反欺诈、信用评估、信用评分和贷中等风控产品，可以为客户提供贷前授信评估、在线审批、贷中管理、BI（Business Intelligence）配置、账号管理等服务。百融风险罗盘兼顾高效率、低门槛和智能化三大优点。信审人员仅需在风险罗盘的页面中输入借款人的基本信息，风险罗盘便会利用百融大数据平台的审核规则，对借款人进行评估，最终在风险罗盘的输出端——API 或网页输出借款人的信用评估报告和百融评分等，使用十分便捷，信审人员只需上传借款人的一些基本信息，系统就会自动将客户录入的信息与百融大数据库对接并作出分析，在降低客户对接成本，支持客户使用的灵活性、自主性方面有积极的作用。（操作页面见附件3）

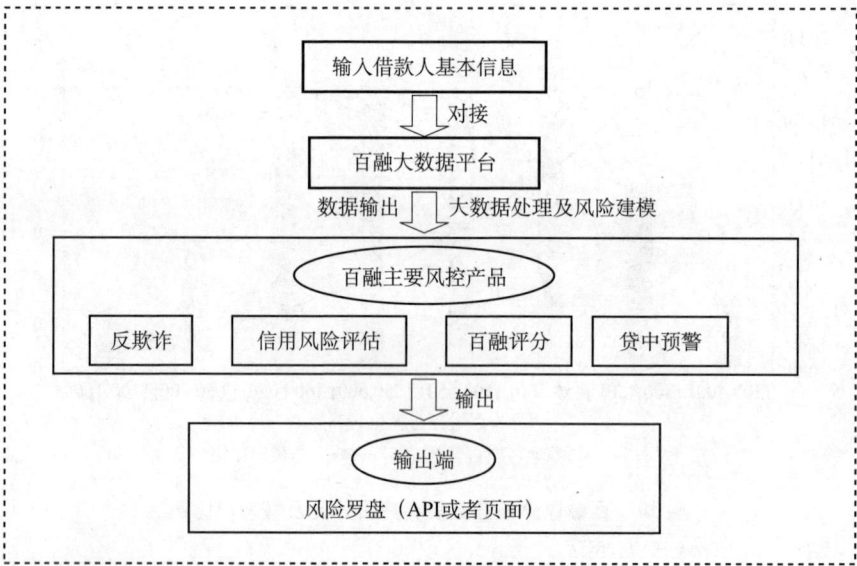

图 11　风险罗盘示意图

资料来源：根据百融金服提供的资料整理。

4. 百融的商业模式及合作案例

4.1　百融的商业模式

　　传统的征信评级公司往往借用单一维度的数据对相关对象调查评价，判定风险等级；而互联网征信公司则利用多维度的大数据对相关对象进行风险等级评定，其不仅精准、成本低、效率高，还可以避免人为因素的干扰。诸如蚂蚁金服的芝麻信用是其利用阿里平台内部的大数据对阿里小贷、网商银行以及消费金融等领域客户精准评定信用等级，进而发放贷款等金融活动。而百融金服则致力于多维度的数据基础，运用新技术、新手段，新方法介入互联网征信领域，为相关金融机构搭建营销与风控体系，立志成为国内金融领域最大的第三方风控及营销服务提供商。百融金服的商业模式主要有三大类，第一，精准营销服务；第二，覆盖金融客户全生命周期的风控服务；第三，与客户联合建立风险模型。

4.1.1　精准营销服务

百融金服提供客户引流、精准营销服务，有其自身的优势。百融金服母公司百分点科技有限公司，在 2009 年成立之初，便以互联网精准营销起步，为电子商务企业与互联网媒体企业提供站内流量转化和商业智能分析的相关产品与整体优化解决方案。

2010 年，百分点完成推荐引擎的研发、测试。该推荐引擎通过深入整合用户的行为记录，构建用户偏好统一视图——用户"画像"，打通网页、移动 APP、微信和邮件等界面，实现整个购物过程中的个性化推荐，达到智能导购的效果，提升网站用户体验。2012 年，百分点推出专为电商企业研发的智能商业分析引擎，用于为电商平台增加流量和销售额、优化运营决策。至 2014 年，百分点经过 5 年多的积累和发展后已经形成了包括 5 亿左右的实名用户数据和 7 亿左右的匿名用户数据的大数据底层平台。这些数据资源，为百融金服为金融客户提供引流、个性化推荐和精准营销提供了坚实基础。

百融金服营销最大的特点是将风控与价值挖掘设置在营销前端，即在营销推广之前分析潜在（个人或指定 tag 下同类）客户收入、消费能力及阅读、购买偏好等，对其进行定向销售。同时根据自身长期沉淀的数据和风控、价值挖掘经验，筛除明显存在风险的客户（及同类人群），挖掘有潜在价值的客户。

目前，百融金服提供的营销产品有：

（1）广告业 DMP（data management platform）服务：精准营销日益需要数据，为了提高广告效果，金融机构的广告服务商也会向金融机构提出开放数据的需求，但很可能一家金融机构有多家互联网广告公司为其服务，如果金融企业每次都向不同的广告公司开放内部数据，会导致数据不安全、格式不统一的问题。百融金服可以为金融机构提供"内部数据管理 + 外部数据补充"的 DMP 服务，保证输出数据的安全性和一致性。

（2）金融网站 FAE（financial analytics engine）服务：随着互联网金融的

冲击，传统金融机构纷纷触网，架构自己的金融电商平台，如工商银行的"融E购"、建设银行的"善融商务"，保险公司的电销平台以及如雨后春笋般出现的P2P平台、第三方理财平台等。针对金融行业定制的FAE可以协助分析的点包括：整体分析（访客数、信息提交成功数、转化率）、用户分析（地域、年龄、兴趣偏好分布）、渠道分析（渠道价值：带来的用户数量、用户质量、用户属性等）、网站优化（每个过程页面的跳出率与测试、改善计划）等。

4.1.2 风控服务

近年来，风险控制能力越来越成为互联网金融行业的隐形门槛。众所周知，传统的信用评分模型主要使用金融领域的历史借贷数据来预测和判断借款人的违约风险，所以传统模型无法给过去没有发生过借贷交易的人进行信用评分，造成"无记录"的借款人风险无法评估。百融依托自身特有的线上线下相融合、多维度海量大数据，大量使用有意识、有目的行为数据及机器学习算法来构建全新的信用模型，帮助金融机构"了解"更多的借款人，在获得更大竞争优势的同时在反欺诈、货前信审等风控管理环节也拥有了更为敏锐的洞察力，致力于为金融机构客户提供覆盖金融客户全生命周期管理的风控服务，如图12所示。

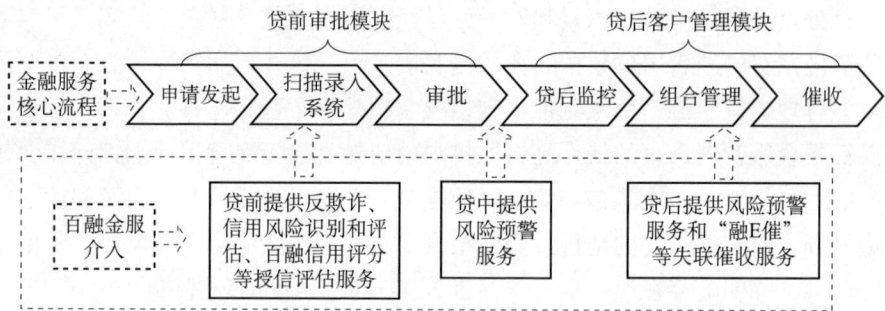

图12 百融的覆盖金融客户全生命周期管理的风控服务

资料来源：根据百融金服提供的资料整理。

（1）贷前风控。

1）反欺诈。传统方法只能在一定程度上识别欺诈风险，但是仍然会有伪造、伪装等欺诈行为无法被识别。而通过百融的欺诈风控体系的反欺诈数据库能精准识别客户贷前提供的资料是否真实、是否与其在线上线下的行为不符，用户在发生潜在欺诈行为并被捕捉到数据库中后，系统能够以毫秒量级的速度识别出风险，避免了由于信息不对称造成风险与损失。

2）信用评估。对于那些信用良好而在人行征信系统中没有信贷记录的客户，百融应用大数据技术，收集在互联网上留下的"蛛丝马迹"，如网上消费、阅读、搜索等行为，将所得的数据用于百融金服的信用评估模型中，生成其个人的信用评估报告，供金融机构客户使用，从而提高了贷款审批的通过率，挽回了被传统征信拒绝而本身信誉良好的客户。百融信用评估具体包括商品消费评估、媒体阅览评估、收支等级评估、支付消费评估、航旅行为评估等。

3）百融评分。将评估获得的数据或报告用于百融评分模型，百融评分基于个人最客观的行为偏好数据，利用机器学习和大数据技术，从几千个原始的弱变量中提取出能够有效识别好坏客户的强变量，再运用国际上主流的个人信用评分模式，综合评估了百融库的用户匹配数据，以更加准确的评价个人的信用风险。根据百融评分高低，金融机构决定是否向贷款人发放贷款及贷款的金额、期限、偿还的方式、是否需抵押物等。

在人口要素频繁流动的今天，金融机构传统风控的质量和有效性开始逐渐下降。百融金服的贷前大数据风控服务不仅可以帮助金融机构客户提升风控的质量和效率，也可以帮助金融机构客户减少放贷的调查成本和提升放贷的审批效率。

（2）贷中、贷后风险预警。在贷中和贷后，百融金服大数据平台会每日更新客户在银行、P2P 平台等金融机构的信贷数据；每周更新最高法以及省市各级法院的最新公布名单。百融反欺诈联盟成员不定期反馈特殊名单，并制订了洗白机制。百融设备 GID（group identification）和欺诈行为识别，每日更新欺诈设备信息。如果发现客户在银行、P2P 平台、消费金融平台等金融机构出现逾期、欺诈、违约；在电信运营商中出现欠费；存在设备欺诈；出现在法院失信执行名单中；发生涉诉行为等等，百融金服便认为该客户存在个人信誉恶化问题。百融金服便会根据信誉恶化的类型确定严重性，并对客户进行风险预警通知。除此之外，百融金服还将每日有借贷特征变化的客户名单，进行预警通知。比如客户在新机构进行了贷款申请；在新机构发生了借贷；借贷产品类型发生变更；借贷渠道发生变更等情况，百融金服都将会对客户进行预警通知，如图 13 所示。

可能有些用户在贷前审核阶段的确是好用户，可是在借贷的过程中，或者是用户的还款能力发生了变化，或者是其还款意愿发生了波动，若能通过大数

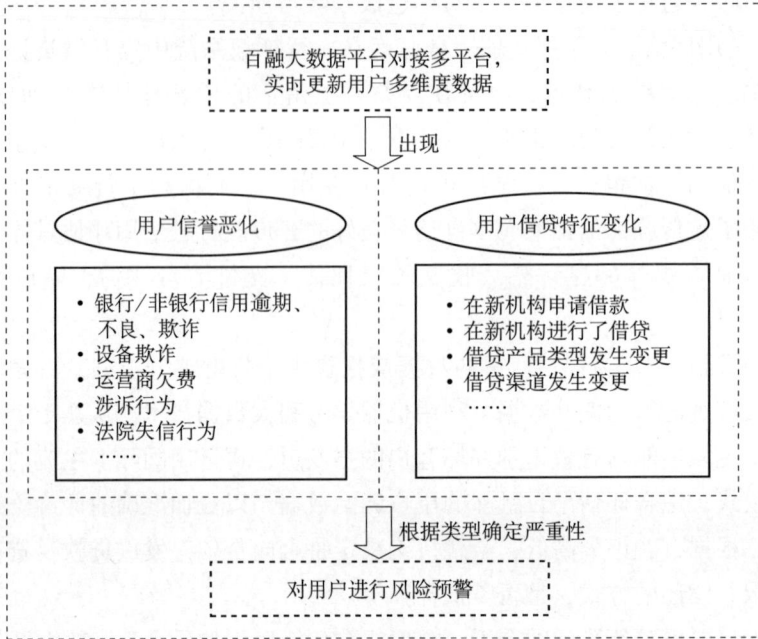

图 13　贷中、贷后风险预警流程

资料来源：根据百融金服提供的资料整理。

据提早识别用户的异常，采取提前终止借贷或提早进行人工干预，能够在一定程度上控制风险的发生。贷前的授信评估是风控不可或缺的一步，贷中、贷后的跟踪预警也不能忽视。只有做好了贷前、贷中及贷后的风控，尽早识别风险的类别、程度、原因及其发展变化趋势，及时防范、控制和化解贷款风险，才能降低贷款不良率。

（3）贷后失联催收。贷款正常收回一般经过以下程序（见图14）。

图 14　贷款收回的一般流程

百融的基于用户全网信息的大数据催收方案：

当金融机构在贷后面临客户逾期、失联而无法收回贷款时，百融金服能利用基于用户全网信息的大数据为金融机构客户提供失联风险预警、共债信息推送、催收评分模型、债务人借口识别、失联客户信息修复等多种贷后催收服务，并在平台基础上实现了资源共享、信息交流及资产处置等功能。

当传统的途径（电话、短信、邮件、上门寻找）不能找到贷款人时，即确认为贷款失联，百融金服会利用其大数据的优势，找寻出失联客户在互联网上的一些足迹，通过多种途径与客户建立直接联系或通过其关联人取得间接联系；当贷款客户以资金不够拒付或延期归还贷款时，百融金服会根据其对客户的信用的时时动态评估，确认客户的偿还能力，其是否撒谎。当从当前测试效果看，以查找为例，某股份制商业银行信用卡中心利用大数据催收平台将最差级的核销类不良资产有效修复率从 1.3% 提升至 10%；某 P2P 全口径失联客户的综合修复率可达 30%。大数据催收服务能够切实帮助金融机构大大提升催收效用、降低不良率、减少金融机构新增拨备，从整体上提高了金融机构经济资本使用效率。未来，利用大数据解决个人不良资产管控问题将成为一种必然的趋势。

4.1.3 与客户进行联合建模

百融金服从 2010 年开始致力于研究为金融行业定制的大数据贷前信审模型，可以说是最早做金融行业大数据服务的企业，在大数据处理技术和能力上积累了深厚的基础。百融的基于 Hadoop 框架开发的大数据处理技术，具有高效、灵活的特点。而在云端大数据存储技术上具备流式处理实时数据、密集处理活跃数据、存档备份数据的优势。另外，在风险建模上，百融金服在借鉴国外先进的建模技术的同时，通过与银行、P2P 公司、消费金融公司等客户合作不断优化自身建模技术，至目前为止，已经在风险建模中积累了丰富经验。正是基于以上两大技术优势，百融金服有能力与客户在合作的过程中进行联合建模，为客户开发定制化模型或评分系统。另外，值得肯定的是，在协助金融企业建立数据库和进行风险建模的过程中，也可以不断完善百融自身的数据库，将不断优化和完善的数据应用于百融自身的大数据风险建模，可以优化百融的风控产品的精准度，这是一个良性循环的过程。

从百融的商业模式不难看出，无论是精准营销、大数据风控，还是与客户进行联合建模等，都是为其开展互联网征信业务做铺垫。

4.2 百融与客户合作的案例

截至目前，在信贷领域，百融金服已经和建设银行、招商银行、光大银行、民生银行、广发银行、浦发银行等 50 余家银行，捷信、中银消费、北银消费、马上消费等 20 余家大型消费金融公司，以及 500 余家行业领先的网贷企业（P2P）、小贷公司等非银机构合作。在保险领域，百融金服与包括中国人保、中国人寿、太平洋保险、中华保险在内的多家顶级财、寿险公司进行合作。

4.2.1　百融与光大银行信用卡中心合作案例

为了应对新形势下的挑战，银行等传统金融机构积极改变，寻求利用大数据推动发展模式的战略转型。经营模式从"以产品为中心"向"以客户为中心"转型，营销模式从"粗放营销"向"精准营销"转型，服务模式从"标准化服务"向"个性化服务"转型。而所有这些环节的实现，都需要大量的客户信息支撑，百融金服掌握着海量线上线下多维用户数据信息，可以为银行等金融机构提供非常强大的服务。在此介绍百融与光大银行银行信用卡中心合作的案例。

（1）合作基础——联合建模。百融金服在与光大银行信用卡中心进行合作时，结合客户申请数据及百融数据库数据，以双方联合模式方式，共同对数据进行分析，建立定制化的、有效的、风险控制模型。联合建模过程中，首先要研究风控需求以及基于不同业务的控制策略和新要求。然后确定百融数据在客户风险控制框架下的定位和使用方式，结合客户内部数据，将百融经验以策略＋模型的形式进行固化，研究定制化模型使用策略，协助客户进行数据对接及模型部署实施。

（2）协助该银行信用卡中心进行客户的资质审核。在信用卡业务中，申请人的资质审核是最重要的一个环节。在这个环节中，百融通过三道防线协助光大进行客户的资质审核：首先，通过人行、公安及商业银行自有黑名单筛选后的客户，会再进入百融反欺诈数据库进行查询，这里可以提供未接入人行征信系统的 P2P 及小贷行业的黑名单，被百融反欺诈数据库命中的客户会被直接拒绝。然后，通过百融反欺诈审核的客户，还会根据百融信用评估规则进行排查，由此找出高风险用户，这些排查规则包含了行为数据、交易数据、社交数据等等，客户累计触碰的规则达到阈值时，申请即被拒绝。最后，利用百融申请评分模型（商业银行与百融联合开发）对客户进行打分。通过商业银行与百融联合建模发现，应用百融评分模型，能够在拒绝小部分资信状况较好客户的情况下，排除掉大部分资信状况较差的客户，说明了百融评分模型对坏账率的预测效果良好。随着双方业务的不断深入，数据质量的逐步提升，百融数据的响应率稳步上升。

（3）协助该银行信用卡中心进行客户找回，减少误判。在资质审核阶段，无论是多么精准的风控系统，都存在"漏网"及"误杀"的情况，而百融改进的目标就是帮助商业银行减少"漏网"、找回"误杀"。不改变原审批流程，增加百融反欺诈，包括特殊名单核查、身份核实等步骤；同时对无人行征信或自有评分不足的客群利用百融数据进行信用评估，提高审批通过率。根据该银行与百融的真实合作数据来看，百融帮助该银行找回了约 15% 的"误杀"客户，也就是说，若不是经过百融评分进行二次评估，这部分客户很可能就流失了。

（4）协助该银行信用卡中心进行贷后管理。进入贷后管理阶段，对存量不良资产的化解是风险管理的核心能力，关键前提是能够对存量不良资产进行合理盘点和有效评估，使得不良资产化解的效用最大化。不管是共债、欺诈，还是失联，归根结底都是信息不对称所带来的问题。对于个人不良资产管理，核心还是在于解决信息不对称问题，依赖于机构内部数据和传统征信数据的管理方式，就如同获取到了刻画客户的一张"拼图"，新型的大数据征信机构给出了拼图的某些缺失部分，二者的有效结合将有利于更完整、更清晰地刻画客户。在贷后阶段，该银行与百融金服就开展了合作，结合二者的优势，设计了相应的解决方案，在计量模型开发及资产修复与增值方面进行了实践，使得不良资产可回收的概率得到较大提高，资产的价值得到提升。根据某商业银行与百融合作效果来看，在大数据的应用下，催生出更多不良资产化解方面的创新管理方式。如采用了多种创新的客户触达与催收方法，依托 QQ、微信、微博等新的渠道媒介，与逾期客户进行了有效接触，丰富了现有的客户触达方法与催收方式。从不同渠道给逾期客户施加压力的方法，收到了良好效果。

4.2.2　百融与中国人寿等保险公司合作案例

保险行业的特点在于，第一，保险行业是天然的大数据行业，保险产品均是依照大数原则设计的；第二，相对其他金融产品，保险产品相对复杂，个性化程度高，需要主动营销。另外，保险行业也存在产品同质化严重，缺乏创新产品和个性化定制产品；销售渠道薄弱，主要保费规模均来自银行和邮政，个人渠道忠诚度低，直销渠道占比不到 20%；数据质量差，僵尸客户高企，无有效激活客户和维持客户的手段存在大量骗保骗赔行为等经营困局。再有，就现阶段而言，中国的保险行业相对于发达国家还处在初级阶段，未来的市场空间非常巨大。这一切都为大数据在保险行业的应用提供了机遇。

保险行业与大数据的结合，对市场占有率、成本控制、投入回报率和用户的精准营销都会起到极大的促进作用，将大数据优势运用到保险业会是保险业未来发展的机遇。在此介绍百融与保险公司合作的案例，如图 15 所示。

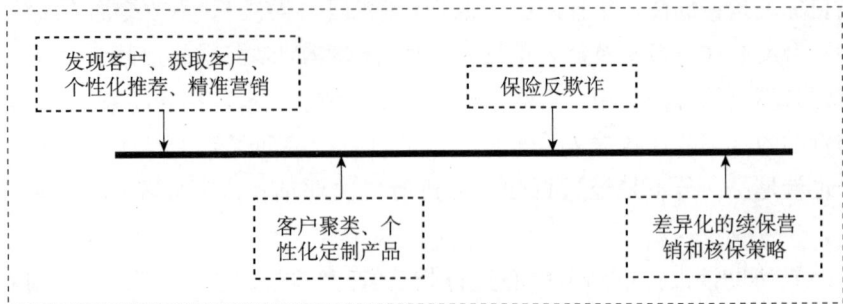

图 15　百融金服与保险公司合作模式

资料来源：根据百融金服提供的资料整理。

(1) 发现客户、获取客户；多维度数据精准描绘客户，精准营销。发现客户、获取客户是所有营销活动最关键的一环，找到目标客户群是是否营销成功的关键所在。在客户需求的精确锁定方面，大数据给保险业带来了很多便利。以前，对于客户的分类局限于"客户属于哪一类"，而现在，则扩展到"客户是哪一类"。传统的精算技术只在一定维度量化风险，很难充分反映风险的复杂性。而在互联网大数据时代，则前所未有的创造了风控每个投保标的的可能，从未有过如此多维度、低成本的数据，如此系统、新鲜地提供给保险业。基于大数据的应用，能更准确的识别、定义、分类和分析客户，并预测客户未来的消费主张，为保险提供精准营销。具体表现在以下几个方面，通过分析客户的长期消费行为、阅读行为等，可以预测客户未来的保险需求，比如经常差旅的人群，可能对于航意险、意外险会有需求。在长期的阅读中经常关注健康和养生的客户可能对疾病保险和健康险有额外的需求。在长期的消费中经常购买一些婴幼儿用品的人群，可以判断家中有小孩，进而可以判断对少儿险有需求。当然通过分析客户的购买习惯、购买能力等，还可以判断客户的年收入情况、价值取向、闲钱的支配情况等情况，并可以据此判断需要哪种险种。

(2) 客户聚类、个性化定制产品。基于消费者特征、消费行为习惯、购买能力、阅读行为等多维度线上线下的整合数据，建立客户标签集合。然后根据客户标签，为聚类的客户制定个性化的保险产品。比如对于 30 ~ 40 岁，收入在 30 万元以上，经常关注健康的女性消费者群体，可以为其设计女性防癌险等个性化的保险产品。

(3) 保险反欺诈。为了防止消费者骗保，百融建立了预测骗保模型、理赔反欺诈模型和减损模型。在预测骗保模型当中，百融通过分析骗保的客观动机和主要手段；建立行业保险大数据平台，按照个体生命检测投保行为；同时对接医疗平台和政府平台的数据等方式，再通过模型计算，识别出消费者的伪健康状态、重复投保行为和伪造虚假凭证等行为，从而达到预防骗保的目的，如图16所示。

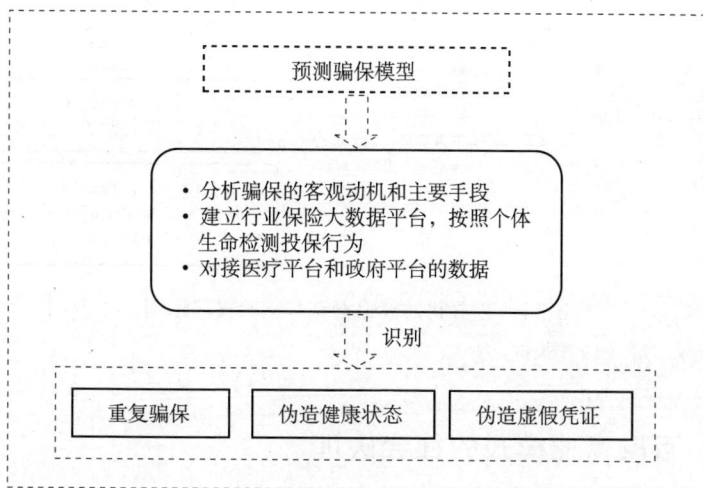

图16 百融金服与保险公司合作模式

资料来源：根据百融金服提供的资料整理。

另外，百融金服还通过建立理赔反欺诈模型和减损模型，来为降低保险公司的欺诈理赔和减轻损失。

（1）理赔案件审阅——渗漏和欺诈的来源与原因。确定抽取理赔宗卷样本；确定分析工具和问卷；搭建工作环境、安排工作资源；抽取理赔卷宗；初步和主要审阅；初审分析；主审分析；确定渗漏点、分析原因给出改进建议。

（2）行为建模——发现渗漏和欺诈的规则和模型。分析案卷的特征；分析案卷的类型因子；建立行为模型；验证行为模型；确定行为模型。

（3）系统监控——与理赔系统集成，并持续优化。建立模型处理引擎；与理赔系统进行集成；实时检测案件的渗漏和欺诈；渗漏和欺诈警告；分析报告；持续优化。

（4）设计差异化的续保营销和核保策略。结合客户风险分群与续保概率分群，对不同的客户群实施差异化的续保策略及核保政策。差异化的续保营销和核保策略如图17所示。

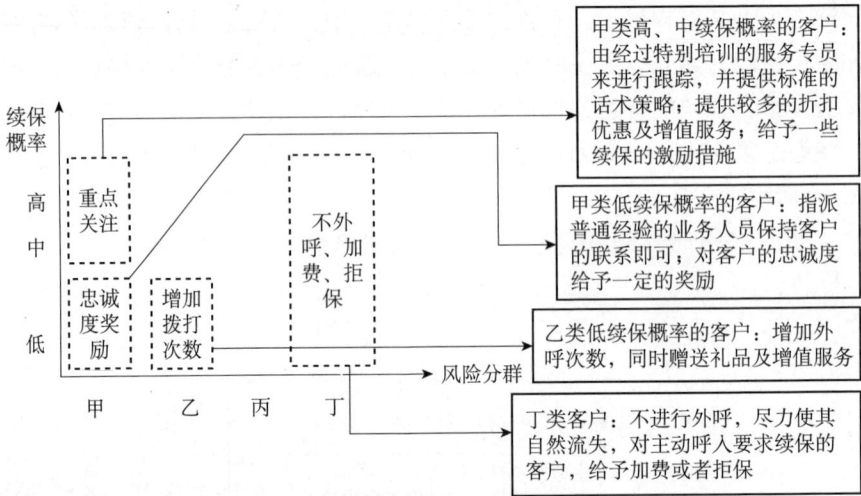

图17　差异化的续保营销和核保策略示例

资料来源：由百融金服提供。

4.3　百融商业模式的社会认可

在与银行、保险公司、P2P 平台、消费金融公司及小贷公司等合作的过程中，百融金服的产品和服务得到了合作客户的广泛认可。光大银行信用卡中心通过接入百融的贷前风控服务后，成功地实现了不良率、逾期率双降，核批率和活跃度双升的效果。在与一些 P2P 和小贷公司合作的过程中，百融金服帮助 P2P 和小贷公司提升了风控能力和降低了不良率。在与保险公司合作的过程中，百融金服为保险公司的产品精准营销、个性化定价、反欺诈等方面做出了巨大贡献。

5.　结束语

百融金服融合了互联网与非互联网大数据技术进行数据的采集和挖掘，创新性地为信贷，保险，消费金融等行业企业提供获客引流、精准营销、客群分析、风控管理、反欺诈、贷前信审、贷后管理等服务，提升了金融行业整体运营管理水平。百融的实践证明，大数据征信技术在金融营销和金融风控方面的应用能取得很好的成效，在现行征信体系不能完全满足当前金融业迅速发展的迫切需求下，新兴的互联网征信市场拥有广阔的前景，其应用的场景会不断伴随着互联网生活的改变而丰富。不仅能为金融机构信用风险控制提供有效的工具，也能够弥补政府主导下传统社会征信服务不足的缺陷，补征信市场空白，推动我国征信体系的完善和普惠金融的落实。

　　总体来说，我国互联网征信尚处于起步阶段，征信制度设计、法律法规还不完善，监管水平也有待提升，这在一定程度上会制约其发展。但我们坚信，互联网大数据征信代表了征信业的先进技术，在先进技术的引领和相应法规制度逐步完善下，互联网征信一定会快速推动中国征信事业发展，并达到国际领先水平。

6. 案例使用说明

6.1　教学目的与用途

　　1. 适用课程：公司金融、金融学、商业银行管理、电子商务
　　2. 适用对象：金融学、电子商务学、互联网金融学等相关专业本科高年级学生及研究生的学习。
　　3. 教学目的：通过对行业背景，百融金服产品及商业模式的具体介绍，厘清互联网征信发展的脉络，掌握互联网征信行业的发展模式，深刻分析互联网征信对传统金融风控模式的颠覆及其广阔巨大的应用前景，探讨该行业发展存在的法律与监管等风险。

6.2　思考题

　　1. 如何看待我国互联网征信行业的发展？
　　2. 如何将大数据技术应用于金融业风险控制？
　　3. 百融金服与芝麻信用、腾讯征信等其他大数据征信公司模式的全面对比分析。
　　4. 政府怎样来推动互联网征信行业的规范发展？

6.3　分析思路

　　1. 如何看待我国互联网征信行业的发展？
　　（1）截至 2015 年 9 月末，央行征信系统已经收录 8.7 亿自然人，但其数

据维度单一，且存在借贷记录的人数仅有 1/3 左右，全国拥有有效信贷历史数据的人群只占全国人口的 1/5，约 4/5 的个人在央行征信体系中没有有效信用记录，导致大量人群无法进行信用风险评估，进而无法满足金融服务的需求。而互联网大数据征信使得那些在央行征信系统中没有借贷记录的借款人可以进行信用风险评估，正好弥补了传统征信的不足。因此互联网征信的需求很大，有很广阔的成长空间。

（2）互联网征信与传统征信的比较。互联网征信和传统征信数据的获取渠道不同，前者主要来自于互联网，后者主要来自于传统线下渠道，互联网征信和传统征信存在较大的差异，在数据采集、覆盖人群和应用场景上存在较强的互补关系，从发展趋势上看，二者存在相互融合、相互补充的可能，例如借贷领域引入互联网征信数据可以提高其对信息主体信用判断的精确程度。如表 2 所示。

表 2   **互联网征信与传统征信的比较**

比较项目	互联网征信	传统征信
数据来源	线上行为数据	线下借贷行为数据
数据类型	网络消费数据、社交数据等网络数据	信贷数据、公共事业缴费、罚款等数据
成本	网络采集，成本低	实地考察采集，成本高
效率	系统自动审批	人工审批过程繁琐
精准性	多维度，精准性高	单一，精准性低
数据内涵	体现：人的性格和心理，由此推断履约可能性	体现：借贷领域的履约可能性
覆盖人群	互联网上留下痕迹的人	有信用记录的人
信用评价思路	用实时行为反应人相对稳定的性格	用昨天的信用记录来判断今天的信用
应用场景	常见的各种履约场景 特点：生活化、碎片化	借贷 特点：金融属性强

（3）互联网征信的应用领域。互联网征信具有数据来源广、维度多、评估信息更全面的特点，除了银行、银联、消费金融、小贷公司等金融领域外，农业、租车、电商、通信等非金融领域对此也有迫切需求，应用前景非常广阔。具体应用于：一是覆盖金融客户全生命周期管理的风控领域；二是为客户定制差异化产品和营销方案；三是优化公司运营。

（4）缺陷与不足：数据源的真实性、可获得性与合法性，数据的安全性、个人隐私的保护性以及行业发展法律法规与监管不足等问题。

2. 如何将大数据技术应用于金融业风险控制？

（1）大数据风控与传统风控的对比分析。传统的风控系统：数据来源单一，主要为线下数据，数据采集成本高，模型原理简单，风险较大，系统单一；大数据风控系统：数据来源维度广，数据来源于线上线下，数据成本低，风控模型精确，效率高，拥有业务系统、审批系统、征信系统、催收系统。

（2）风险管理与控制的具体应用。

为金融企业提供覆盖全生命周期管理的风控服务

a. 贷前风险审查

反欺诈。识别客户贷前提供的资料是否真实、是否与其在线上线下的行为不符。

信用评估。对于那些在人行征信系统中没有信贷记录的客户，应用大数据技术，收集在互联网上留下的"蛛丝马迹"，如网上消费、阅读、搜索等行为，将所得的数据用于信用评估模型中，生成其个人的信用评估报告。

评分。根据评分高低，金融机构决定是否向贷款人发放贷款及贷款的金额、期限、偿还的方式、是否需抵押物等。

b. 贷中预警：如在金融机构出现逾期、欺诈、违约，根据信誉恶化的类型确定严重性并对客户进行风险预警通知。

c. 贷后失联客户催收：当金融机构在贷后面临客户逾期、失联而无法收回贷款时，能利用基于用户全网信息的大数据为金融机构客户提供失联风险预警、共债信息推送、催收评分模型、债务人借口识别、失联客户信息修复等多种贷后催收服务，并在平台基础上实现了资源共享、信息交流及资产处置等功能。

（3）分析一家同行业公司如何用大数据技术用于其金融业务的风险控制，并与百融金服对比。

3. 百融金服与芝麻信用、腾讯征信等其他大数据征信公司模式的全面对比分析。

思路：主要从大数据供应商提供的服务、主要的数据来源维度、数据特点、建模能力、公司的定位、是否有自身金融业务。

表3　百融金服与芝麻信用、腾讯征信等其他大数据征信公司模式的全面对比分析

大数据供应商	提供的服务	主要数据维度	数据特点	建模能力	自身金融业务	定位的中立性与公允性
百度	数据营销	搜索、视频、旅游、地图、浏览器	几乎全部来自于线上；平台较封闭，对外开放的数据较少	弱	P2P、小贷等互联网金融	较强
蚂蚁金服	个人征信	电商、支付	几乎全部来自于线上；平台较封闭，对外开放的数据较少	强	阿里小贷、网商银行	弱

续表

大数据供应商	提供的服务	主要数据维度	数据特点	建模能力	自身金融业务	定位的中立性与公允性
腾讯	个人征信	社交、支付	几乎全部来自于线上；平台较封闭，对外开放的数据较少	强	前海微众银行	弱
平安前海征信	个人征信	保险	几乎全部来自于线下；平台较封闭，对外开放的数据较少	强	银行、保险、证券、信托、P2P等综合金融	弱
百融金服	个人征信、数据库营销	电商、社交、媒体、购物、金融	线上+线下、开放	强	无	强

百度、芝麻信用、腾讯征信、前海征信分别在搜索、电商、社交、金融信息方面具有比较优势，百融金服在多维度数据整合能力方面有比较优势。另外，由于百融金服的定位是第三方风控及营销服务提供商，自己并不做金融、零售等业务，在媒体、零售、金融等各个领域与其他公司均无竞争，因此不管是数据供应方还是金融机构，与百融金服合作的顾虑相对较少。由于其第三方的独立性，寻求与其合作的客户会不断增多，其数据来源会更广、数据的成本会更低、评价的精准度会更强，进而又会吸引更多的客户，形成高效良性的循环。

4. 政府怎样来推动互联网征信行业的规范发展？

互联网大数据技术的逐步成熟，为我国征信业发展提供了有力的技术支持，但其存在的隐患如数据采取的合法性、个人隐私的保护以及数据安全，已经成为制约我国经济发展和诚信社会建设的一个瓶颈。为此，政府需要从以下两方面加快工作进度：

（1）尽快建立并完善配套的征信法律制度和业务规则；我国征信业的法律法规出台较晚，当前的征信业务规则落后于大数据征信技术，而且监管对象主要是传统征信机构，难以满足互联网、大数据等新技术背景下征信业发展的制度和法律。为了给大数据条件下征信业发展提供制度保障，需要从征信立法层面完善信息安全和数据管理的法律制度，明确大数据背景下数据采集、整理、加工、分析、使用的规则，确保大数据时代征信业发展有法可依。

（2）提升征信监管水平；首先，监管部门要时时关注大数据征信的资讯与发展，熟练掌握大数据征信的相关技术和业务流程，适应大数据时代的发展要求；其次，要制定并实施符合大数据时代征信业的监管措施，建立跨部门合作监管机制，譬如与互联网信息办公室、工信部等多部门协作；再其次，建立全国性的征信行业协会，引导和推动行业自律，以行业自律促进大数据时代下征信业的有序发展；最后，加强征信宣传教育，提高信息主体的信用意识。

6.4　理论依据

1. 金融风险控制与风险管理理论。
2. 交易成本及相关理论。

6.5　关键要点

1. 关键点：本案例结合理论重点分析百融金服的主要产品及商业模式，并通过对互联网征信行业内部几种模式的对比分析，探讨百融金服等互联网征信企业如何实现对传统金融风控模式的颠覆，如何将大数据与征信应用于现代金融风控。

2. 关键知识点：大数据技术与征信在金融领域的广泛运用；百融金服等互联网征信企业的主要产品以及商业模式；百融金服与其他征信企业的产品及模式的对比分析；行业健康发展仍需要的外部条件。

3. 能力点：分析与综合能力、批判性思维能力以及解决问题的实际能力。

6.6　建议课堂计划

整个案例课的课堂时间控制在 90 分钟内。

课前计划：提出启发思考题，请学生在课前进一步搜集相关资料并完成阅读和初步思考。

课中计划：

课堂前言（2~5 分钟）简单扼要、明确主题

分组讨论（30 分钟）发言要求：准备发言大纲

小组发言（每组 5 分钟）幻灯片辅助，控制在 30 分钟

引导全班进一步讨论，并进行归纳总结（15~20 分钟）

课后计划：请学生上网搜索该企业的相关信息资料，尤其最新信息，采用报告形式给出更加具体的解决方案，或写出案例分析报告（1 000~1 500 字）；如果对此案例有兴趣跟踪，建议联系案例作者或企业负责人，进行深入研究。明确具体的职责分工，为后续章节内容做好铺垫。

本案例正文附件

附件1：2014年百融金服成功获得由中国人民银行颁发的企业征信牌照

附件2：百融金服的整体产品体系

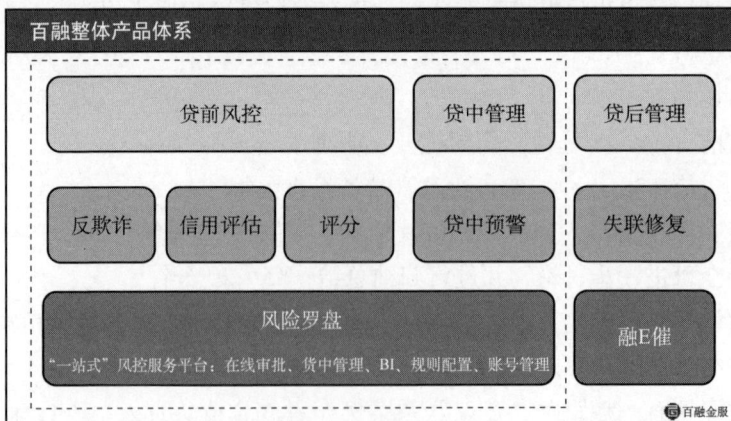

附件 3：风险罗盘的应用

1. 风险罗盘——在线审批（网页 1）

单笔录入（注：*为必填项）

*姓名	请输入姓名
*手机号	138xxxxxxxx
*身份证号	请输入身份证号
电子邮箱	your name@xxx.com
地址	家庭地址 ｜ 例如：北京市xx区xx小区 31号楼1单元101 ＋
座机	单位电话 ｜ 格式：010-8888888 ＋
公司名称	请输入公司名称
联系人	姓名 关系 请选择 ｜ 输入手机号 ＋

∨ 展开选填信息

上 传　　返回

2. 风险罗盘——在线审批（网页 2）

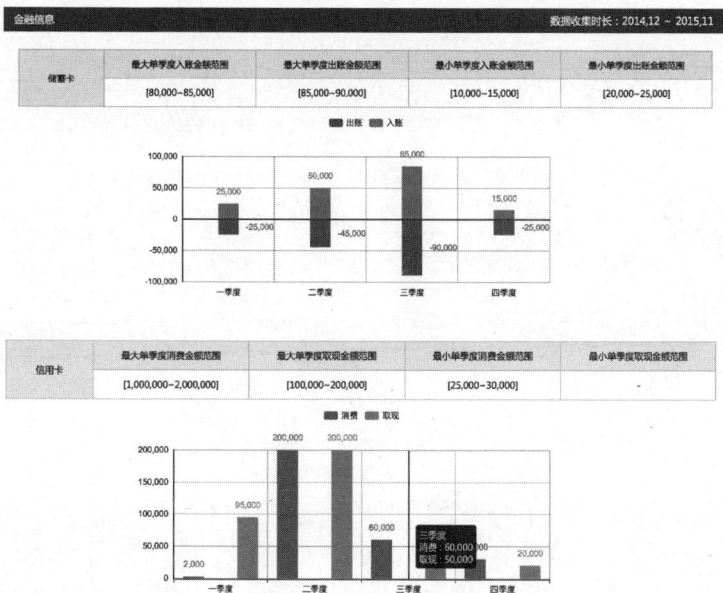

金融信息　　　　　　　　　　　　　　　　　　　数据收集时长：2014,12 ~ 2015,11

储蓄卡	最大单季度入账金额范围	最大单季度出账金额范围	最小单季度入账金额范围	最小单季度出账金额范围
	[80,000~85,000]	[85,000~90,000]	[10,000~15,000]	[20,000~25,000]

■ 出账　■ 入账

信用卡	最大单季度消费金额范围	最大单季度取现金额范围	最小单季度消费金额范围	最小单季度取现金额范围
	[1,000,000~2,000,000]	[100,000~200,000]	[25,000~30,000]	-

■ 消费　■ 取现

3. 风险罗盘——风向标（网页 + API）

案例 5 农发行与农业龙头 Y 公司的案例分析[*]

案例编写人：曾庆芬

摘要：农发行 P 支行不断加大对"三农"业务的信贷支持，取得了不错的成绩，如对农业产业化龙头 Y 公司的连续多年信贷支持有效地促进了 Y 公司的发展壮大。但 Y 公司在经营过程中盲目贪大冒进，致使经营出现困境，农发行信用风险暴露。反思农发行对 Y 公司的信贷管理过程，发现农发行在贷前调查和贷中审查环节存在工作不到位等问题，需要加强银行内部控制完善和各项规章制度落到实处。

关键词：农发行；信贷支持；农业企业

引 言

近年来，农业发展银行作为政策性银行，逐渐加大了对农贷款的力度。2014 年农发行 S 省分行全年累计发放各类支农贷款 425 亿元，2014 年年末贷款余额 1 145 亿元，较年初增加 68. 11 亿元，较好地满足了 S 省粮棉油全产业链发展和农业农村基础设施建设资金需要。但农发行 S 省分行在信贷支农的业务中，也面临着一些风险，暴露出一些问题，S 省分行 P 支行对 Y 公司信贷就是值得反思的一例。

---

* 本案例数据除非特别说明，均来自农发行 P 支行内部资料，在此对数据提供者表示感谢。由于银行与企业保密要求，对地名、公司名、人名进行了掩饰性处理。本案例仅供教学讨论用途，不作他用。

1. Y 公司情况简介

1.1　主业基本情况

成立于 2005 年的 Y 公司，坐落于 S 省 P 市 LC 镇，注册资本 2 000 万元，实收资本 2 000 万元，由 S 省德邻会计师事务所出具了验资报告，营业执照、税务登记证、贷款卡、组织机构代码证等证照合法有效，并已通过 2013 年年审。

Y 公司主营辣椒类产品的生产、研发和销售。公司在 LC 镇有生产和种植基地约 8 000 亩，其中 186 亩为辣椒种植科技核心示范区，50 亩为产品加工基地。该基地在 2008 年由公司投资 5 000 万元开始建设，并于 2009 年 3 月投产运营。公司采用"公司 + 基地 + 科研 + 农户 + 合作社 + 市场"的经营模式，带动了当地农户就业和增收。2011 ~ 2012 年期间，公司发展较快，辣椒种植基地先后带动 3 000 余户。公司常年为当地提供 300 多个就业岗位，累计带动 5 000 户农户就业和增收，每年每户 5 000 多元。

2011 年公司被授予"S 省农业产业化重点龙头企业"、2012 年公司产品被授予"S 省名牌产品"称号。目前企业已通过 ISO22000 ：2005（HACCP）国际食品安全管理体系认证。公司开发的产品涵盖三大品系，10 多个单品，包括香辣豆豉、香辣三宝、香辣牛肉酱、泡椒肉丝、下饭菜、辣子鸡、熟油海椒等多种产品规格，如 215g 和 180g 玻璃瓶装产品。公司已在全国 100 多个大中城市建立了产品销售网络，分别设立了华东市场营销中心、北方市场营销中心和西部市场营销中心。渠道建设和品牌建设均同步在全国各大中城市进行。2012 年实现销售收入 15 227 万元，净利润 746 万元。

1.2　实际控制人及关联公司情况

Y 公司实际控制人为张某，张某系 Y 公司执行董事、法人代表，张某对 Y 公司出资 1 900 万元，占 Y 公司股份比例 95%。

张某在 2011 年出资 900 万元与李某出资 100 万元组建了 J 公司，J 公司注册资本 1 000 万元，张某占 90% 股份。J 公司主营房地产开发和旅游投资，并于成立当年向 P 市发改局申请"水城小镇"旅游开发项目,[①] 该项目并于 2011 年 4 月 12 日获得 P 市发改局核准。该项目计划以瑞士休闲度假生活形态为样本,打造一个东方瑞士小镇,包括温泉度假酒店(四星级)、休闲度假商业、旅游度假公寓、滨河景观长廊、坡地景观、公共休闲绿地主题公园等,占地面积约 192 亩,预计投资 5 亿元,分两期建设,预计建设周期 3 年。据 2012 年 8 月 3 日当地国土局挂牌出让土地信息显示,J 公司以 37 万元/亩的起拍价获得两宗地,分别是 96.877 4 亩地和 94.876 4 亩地,两宗地合计面积约 191.8 亩。[②]

图 1　Y 公司的辣椒生产、收割与辣椒调味品

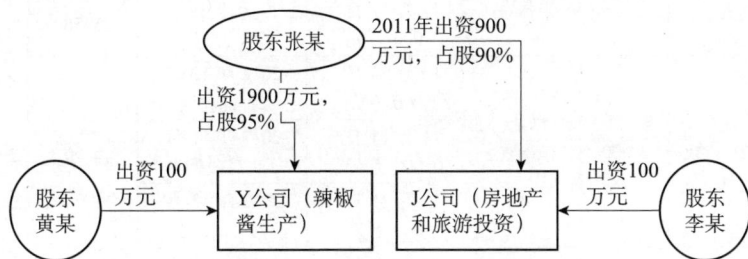

图 2　Y 公司与实际控制人、关联企业情况

数据来源:作者绘制。

1.3　公司历史信用情况

Y 公司在农发行 P 支行开设了基本账户。从 2008 年开始,Y 公司与农发

---

① 该项目名称系化名。
② 此土地价格数据来源是当地国土局公开信息。

行 P 支行建立了紧密的信贷关系。

2008 年 Y 公司被 S 省分行营业部评定为 A 级信用等级。2008 年 6 月 17 日 S 省分行营业部《关于同意向 Y 公司发放 200 万元农业小企业短期贷款的批复》，P 支行于 6 月 27 日向 Y 公司发放第一笔贷款 200 万元（借款合同编号：20085101820010009），贷款期限、贷款方式、贷款利率见表 1。可见，农发行根据银监会贷审分离、分级审批原则建立了比较规范的流动资金贷款评审制度和流程。随后几年，农发行对 Y 公司的信贷投放也遵循此流程，S 省分行评定 Y 公司信用等级，给予综合授信额度，然后再由农发行 P 支行根据上级行省分行的批复实施贷款发放和回收。具体贷款内容如表 1 所示。

表 1 Y 公司在农发行的历史信用情况

年份	Y 信用	贷款额（万元）	贷款方式	贷款发放日期及金额	贷款回收情况	贷款利率（%）	贷款名称
2008	A 级	200	房产抵押①	6 月 27 日	2009 年 6 月 25 日收回	7.47	农业小企业短期贷款
2009	A＋级	500	保证担保②	8 月 21 日 200 万元；8 月 26 日 300 万元	2010 年 8 月 2 日收回	5.31	
2010	AA 级	2 000	保证担保③	8 月 5 日 1 000 万元	2011 年 8 月 4 日收回	5.31	产业化龙头企业短期贷款
				11 月 29 日 1 000 万元	2011 年 11 月 28 日收回	5.56	
2011	AA－级	3 000	保证担保④	10 月 24 日 1 000 万元	2012 年 10 月 23 日收回	6.56	
				11 月 15 日 1 000 万元	2012 年 11 月 9 日收回		
				12 月 21 日 1 000 万元	2012 年 12 月 12 日收回		
2012	AA－级⑤	3 000	保证担保⑥	12 月 31 日 1 000 万元	2013 年 10 月 30 日收回	6.0	
				2013 年 1 月 11 日 1 000 万元	2013 年 12 月 19 日收回	6.0	
				2013 年 2 月 6 日 1 000 万元	2014 年 1 月 15 日收回	6.0	

注：Y 公司信用等级皆由农发行 S 省分行评定。所有贷款期限皆为 1 年。
①以何某在 P 市住宅为抵押。
②由中商财富信用担保有限公司全额保证担保。
③由 S 省金穗投资担保有限公司全额保证担保。
④由中商财富信用担保有限公司全额保证担保。
⑤该年度农发行 S 分行对 Y 公司最高综合授信 4 000 万元。
⑥宏宇融资担保有限公司全额保证担保。
数据来源：作者根据银行资料整理。

2. 2013 年企业贷款需求测算

2013 年 Y 公司向农发行 P 支行申请贷款 3 000 万元，其贷款是否符合其实际生产需要呢？

据了解，Y 公司从组建以来，经营情况良好，经营业绩稳定。2012 年在各种成本逐年增高的情况下仍然保持了净利润 746 万元；2013 年 8 月末已实现销售收入 12 457 万元，净利润 649 万元。

Y 公司为了扩大产能，同时为了规避未来农副产品进一步提价对企业生产经营造成的负面影响，Y 公司于 2013 年新征土地 50 亩，6 月开始对生产加工基地进行"扩建酱腌菜及辣椒生产线"项目实施，新建生产厂房 4 680 平方米，新建办公大楼 1 栋、库房 3 个、冷冻库 1 个，共计 13 320 平方米；建酱腌菜生产线 2 条，辣椒酱生产线 1 条。项目预计到 2014 年 12 月底全面竣工，届时公司将成为全国第二，省内最大的辣椒酱生产加工基地。[①]

为保证生产线满负荷运转，企业需要加大辣椒和植物油为主的生产原料采购量。按照 2013 年当时企业年产辣椒 1 万吨的生产能力，公司合计的采购资金需求为 12 000 万元，构成如表 2 所示。

表 2　　　　　　　　　　Y 公司预计的资金总需求

资金用途	预计采购量（吨）	贷款调查期市场均价（万元/吨）	资金需求（万元）
辣椒采购	2 500	2.6	6 500
植物油采购	3 250	1.2	3 900
辅材牛肉、鸡肉等及包装物	—	—	1 600
合计			12 000

数据来源：作者根据银行资料整理。

按照企业财务数据测算其流动资金周转次数 4 次，其流动资金需求量约为 3 000 万元。

按照银监会《流动资金贷款管理办法》，测算 Y 公司营运资金量所用公式如下：

$$营运资金量 = \frac{Q(1+v)(1-p)}{营运资金周转次数}$$

---

① 此数据来自公司融资项目的宣传资料。

其中，Q 为上年度销售收入，v 为预计销售收入年增长率，p 为上年度销售利润率。营运资金周转次数的计算公式如下：

$$营运资金周转次数 = 360 / （存货周转天数 + 应收账款周转天数$$
$$- 应付账款周转天数 + 预付账款周转天数$$
$$- 预收账款周转天数）$$
$$周转天数 = 360 / 周转次数$$

计算营运资金周转次数所需财务指标的具体公式及预测值如表3所示。

表3 Y 公司财务指标预测值

贷款调查期 Y 公司财务指标名称	预测值（次）	银监会规定的计算公式
应收账款周转次数	14.19	销售收入/平均应收账款余额
预收账款周转次数	0	销售收入/平均预收账款余额
存货周转次数	11.56	销售成本/平均存货余额
预付账款周转次数	14.05	销售成本/平均预付账款余额
应付账款周转次数	204.48	销售成本/平均应付账款余额
营运资金周转次数	4.48	

数据来源：作者根据农发行 P 支行提供数据整理。

Y 公司 2012 年企业销售利润率 4.56%，假设 2013 年的销售利润率与 2012 年持平；预计 2013 年末销售收入 1.8 亿元，比 2012 年增长约两成；按各项财务数据测算营运资金周转次数为 4.48 次，则根据银监会的《流动资金贷款管理办法》，预计 Y 公司营运资金量如下：

$$营运资金量 = 15\ 227 × （1 + 20\%） × （1 - 4.56\%） ÷ 4.48 = 3\ 893（万元）$$

也就是，经测算 Y 公司 2013 年营运资金规模约为 3 900 万元。

根据银监会的《流动资金贷款管理办法》，将估算出的借款人营运资金需求量扣除借款人自有资金、现有流动资金贷款以及其他融资，即可估算出新增流动资金贷款额度。即有如下计算公式：

$$新增流动资金贷款额度 = 营运资金量 - 借款人自有资金 - 现有流动资金贷款$$
$$- 其他渠道提供的营运资金$$

Y 公司账面资料显示，企业自有资金 285 万元，流动资金借款 3 500 万元，他行承兑汇票 3 900 万元，以此测算企业流动资金需求量如下：

$$企业流动资金需求量 = 3\ 900 - 285 - 3\ 500 - 3\ 900 = -3\ 785（万元）$$

表面上企业有充足资金运营。但企业在 2013 年将大量经销商模式转变为公司直营模式，即 Y 公司将产品直接销往国内大型商超，考虑 Y 公司产品进入超市、卖场需要缴纳的保证金、条码费、入场费等各种费用和缴纳的担保公司保证金,这两方面占用资金达 3 064 万元。这些占用资金无法投入到生产流转中。此外,Y 公司 2012 年获得的农发行 P 支行 3 000 万元贷款将于 2013 年下半年和 2014 年初陆续到期;攀枝花商业银行委托都江堰金都村镇银行开立承兑汇票到期支付金额 2 000 万元(除保证金 1 000 万元,实际支付 1 000 万元)。Y 公司的流动资金缺口为:

流动资金缺口 = 3 785 - 3 064 - 3 000 - 1 000 = 3 000(万元)

Y 公司向农发行 P 支行申请贷款 3 000 万元符合其实际生产需要。

3. 贷款发放及风险管控

2013 年农发行 S 省分行对 Y 公司信用评级为 AA + 级,最高综合授信 3 000 万元。成都宏宇融资担保有限公司全额保证担保提供保证担保。2013 年 12 月 17 日农发行 P 支行对 Y 公司发放产业化龙头企业粮油短期贷款 1 000 万元,2014 年 1 月 8 日发放贷款 1 000 万元;2014 年 2 月 21 日发放贷款 1 000 万元。当期基准利率上浮 5%。贷款期限皆为 1 年。贷款用途是采购生产调味品的原辅材料和流动资金。

2014 年 2 月起,Y 公司在农发行 P 支行的回笼货款严重不足,Y 公司大量资金往来通过张某个人账户结算,且账务结算交易结构复杂。2014 年 6~10 月连续 5 个月的时间里,Y 公司欠息 31.85 万元。Y 公司处于半停产状态。一个重要原因是 Y 公司经营销售模式转型失败。自 2013 年开始 Y 公司将过去的经销商模式逐步转变为公司直营模式,伊藤洋华堂、沃尔玛、北京华联、华润万家等大型超市都是公司产品直接销往的地方。公司直营模式需要公司在全国各地大量设立销售办事处以便与超市直接对接业务进行货物铺设、送货、产品营销等,在此模式下必然大量产生人力、运输、超市入场费、条码费等费用,资金消耗和资金占用大幅提高。同时,超市在结算周期和方式上的强势地位导致公司资金周转率下降,引致利润下滑甚至亏损。等到企业发现决策失误想重新沿袭经销商模式时,又受到经销商买方市场的挤压,利润空间大幅收窄。不仅如此,受宏观经济大环境影响,生产成本明显上升,销售规模出现明显萎缩。基于以上原因,企业仅靠少量经销商订单支持,处于半停产状态,经营状况恶化。

2014 年 10 月 22 日,P 支行向 S 省分行报送了"中国农业发展银行贷款风险重大事项报告单",反映了 Y 公司的贷款风险,分析了风险原因。同时,P

支行成立了化解风险应急工作领导小组，发送提示付息通知、催收欠息通知、回笼贷款整改通知、约见企业法人代表、追加担保措施，准备诉前财产保全。2014 年 11 月 4 日，P 支行向 S 省分行报送专题报告，除继续反映企业贷款风险的前述原因外，通过走访了解初步推测企业资金被挪用、涉及民间借贷但金额不详等情况。

2014 年 6 月 21 日 Y 公司贷款应计利息 1.627 5 万元，Y 公司 6 月 21 日支付 1.143 7 万元，6 月 25 日支付 15.131 2 万元，支付延迟 4 天。2014 年 7～11 月均出现支付延迟问题。12 月 12 日农发行 P 支行从宇宏融资担保公司的贷款保证金账户收回 9～11 月欠息 47.750 8 万元。2014 年 12 月 15 日，Y 公司贷款发生逾期。

担保公司的全额保证是否能提供第二还款来源呢？2013 年 10 月贷款调查报告反映，宇宏融资担保公司截至 2013 年 8 月末，总资产 42 275 万元，负债 3 386 万元，所有者权益 38 889 万元。该担保公司单笔最高担保额度为 3 600 万元，2013 年调查之时已对外担保 115 410 万元，已提供给农发行的担保金额为 16 950 万元。2013 年 12 月宇宏融资担保公司为 Y 公司提供额度 3 000 万元担保符合国家政策规定，当时第二还款来源有保障。2014 年 9 月 Y 公司风险暴露后，P 支行向宇宏融资担保公司进行追偿，发现担保公司所提供的银行对账单等资料系伪造，实际并无资金可供代偿。其后，P 支行与该担保公司多次沟通无果，当时该担保公司不仅担保能力较弱，并且拒绝代偿。

至 2015 年 4 月 16 日审计之时，农发行 P 通过 CM2006 系统对 Y 公司未结清的 3 笔贷款进行十二级分类，Y 公司贷款余额 2 599 万元、63.53 万元客户发生重大债务及出现重大债务违约情况，贷款形态可疑一级。

在农发行 P 支行的要求下，Y 公司关联公司 J 公司出具了同意为 Y 公司担保的股东会决议，并于 P 支行签订了最高保证担保合同。J 公司的"水城小镇"旅游开发项目位于 P 市，属于二线城市之郊县地段，房地产市场大环境低迷，而 J 公司在该项目投资金额达 5 亿元，大量资金被无效占用，J 公司同样出现现金流紧张。但 J 公司拥有的 63 250.915 平方米土地性质为建设用地，并取得了土地证，价值约 8 千万元。据农发行 P 支行推测，J 公司当初缴纳该地块的土地出让金 5 000 万元的来源也存疑。① 实际控制人张某对 J 公司的财

---

① 据作者查到的公司融资计划资料显示，J 公司有委托上海一股权投资公司开展民间私募融资、并安排 Y 公司和实际控制人张某为 J 公司担保之嫌，金额 7 000 万元。但无法获知融资的成败及债权偿还情况。

务管理极不规范。P 支行通过查询，发现 J 公司该综土地已有四个债权人进行了五次查封，农发行 P 支行排在第三位和第四位，其他债权人查封金额不详，且无法核实第一查封人和第二查封人的查封金额，因此农发行 P 支行对该综土地剩余执行金额无法预计，本笔贷款初步预计损失在 2 000 万元以上。

4.　案例使用说明

4.1　教学目的与用途

1. 实用课程：金融学、商业银行管理、金融机构管理
2. 适用对象：金融学等专业本科高年级学生及研究生的学习
3. 教学目的：通过对农发行 P 支行对农业产业化龙头企业信贷管理各环节的详细介绍，实现以下教学目的：
（1）认识涉农信贷的高风险特点；
（2）了解当前农村信贷担保方式，尤其是大中型涉农企业信贷担保安排；
（3）熟悉监管部门对流动资金贷款的要求；
（4）剖析对农信贷风险成因；
（5）梳理贷款机构信贷风险防范措施和内部控制完善内容；
（6）思考政策性银行实现政策性职能与控制风险的平衡。

4.2　启发思考题

1. 涉农信贷具有何种特点？与城市信贷有何差异？
2. 涉农信贷的抵押担保方式有哪些？
3. 农发行对 Y 公司贷款，信贷风险成因有哪些？担保公司为何没有能在 Y 公司无法还款时提供第二还款来源？背后深层次原因何在？
4. 农发行在风险暴露后及时采取了哪些措施？你认为这些措施有效性如何？给我们何种启发与思考？
5. 农发行作为政策性银行的定位，既开展政策性业务，也拓展自营业务，请思考如何平衡涉农信贷支持与政策性机构的资产质量？

4.3 理论依据与分析思路

4.3.1 理论依据

信息不对称理论，合约理论，信贷风险管理理论。

4.3.2 具体分析

1. 支农信贷具有何种特点？与城市信贷有何差异？

信贷市场面临着严重的信息不对称。事前的信息不对称所导致的风险称为逆向选择，事后的信息不对称导致道德风险。

涉农信贷具有高风险和高交易成本的特点。

一方面，农村信贷市场面临着比城市信贷市场更严重的信息不对称。原因很多方面，包括：

（1）农业经营活动面临着高风险。首先是自然风险高。这是由农业的生产对象和生产过程决定的。农业生产对象是有生命活力的生物有机体，农业生产过程包含了农作物的自然再生产过程，外界自然条件的任何变化都会对农业生产产生影响。但自然是不可控的，农业都面临着比其他产业更大的自然风险。其次，市场风险高。这是因为农产品需求弹性很小，而且多数农产品是鲜活产品，难以长期保存。农产品的生产通常具有季节性，生产周期长，农产品即期供给无法快速适应市场需求的变化，面临较大的市场风险。农业经营活动面临着高风险，其经营现金流稳定性差，可预测性差，信贷交易双方信息不对称严重。正如案例中 Y 公司，虽然自成立以来多年，经营情况比较稳定，但在扩大生产线建设和决策失误造成的销售下滑之多重因素叠加之下，陷入生产销售的严重危机。

（2）农业企业抵押担保品比较缺乏。根据信息不对称理论和合约理论，由于抵押品的提供，有助于缓解信息不对称，放松借款人融资交易的约束条件，促进交易达成。而且，抵（质）押物作为第二还款来源，可以在借款人无力偿债时，使银行能够实现债权，降低信用风险。因此，担保制度已成为市场经济国家信贷系统运行的基石。但土地和房屋作为农村最重要的资产，因为我国现行《担保法》第三十七条第二款和《物权法》第一百八十四条的规定限制，长期以来无法设立抵押。这制约了农业企业运用其生产经营中最重要的土地和厂房开展抵押融资的能力。很多农业企业尤其中小微企业由于缺乏银行认可的抵押担保品，常常陷入融资困境。

另一方面，农村信贷市场通常还面临着交易成本较高的问题。因为农村融资主体的资金需求通常具有需求多层次、多元化、金额小、地域分散等特点，传统线下的贷前调查、贷后监督管理等面临着较高的交易成本。

因此，涉农信贷与城市信贷相比，具有高风险、高交易成本等特点，但"三农"问题是国民经济和社会发展非常重要的领域，信贷资金需求旺盛，需要大力支持。

2. 支农信贷的抵押担保方式有哪些？

近几年，为了促进农业新型经营主体的发育，缓解农村抵押担保难问题，国家有关部门出台一系列的政策和措施。比如，2008 年 10 月，中国人民银行和中国银监会日前联合发布的《关于加快农村金融产品和服务方式创新的意见》要求开展农村抵押担保创新试点。2010 年中国人民银行、银监会、证监会、保监会联合印发了《关于全面推进农村金融产品和服务方式创新的指导意见》，在城镇化和农业产业化程度高的地区，金融部门要积极支持和配合当地党委和政府组织推动的农村土地承包经营权流转和农房用地制度改革，按照依法自愿有偿原则，在不改变土地集体所有性质、不改变土地用途和不损害农民土地承包权益的前提下，探索开展相应的抵押贷款试点，丰富"三农"贷款增信的有效方式和手段。此外，担保公司的建设也被重视，各地政策性担保体系得以建立，商业性担保和互助性担保被鼓励发展。

在不断创新农村担保体系的努力下，目前，支农信贷的抵押担保方式包括：全产权房屋或土地抵押、农村房屋抵押、农村土地流转收益保证贷款①、担保公司保证贷款、公务员保证贷款②。其中，农村土地流转收益保证贷款由于风险较高，现阶段我国农地难以独立成为抵押品，因此，该种贷款仍然靠担保中介的保证责任降低银行信贷风险。对于农业产业化龙头企业 Y 公司，其资金需求量通常较大，找担保公司担保便成为其获得银行贷款的主要保证方式。担保公司担保方式下融资成本会因为担保费用、缴纳给担保公司的保证金等上升。

3. 农发行对 Y 公司贷款，信贷风险成因有哪些？担保公司为何没有能在 Y 公司无法还款时提供第二还款来源？背后深层次原因何在？

（1）客户道德风险。即在生产资料价格大幅上涨、市场不确定等因素导致 Y 公司产品成本大幅上涨，利润空间被挤压，有时甚至已经出现亏损，这

---

① 具体名称各地可能有异。
② 主要适用于自然人较小额贷款。

种情况下 Y 公司可能选择策略性违约，挪用贷款资金，从而形成信用风险。此外，Y 公司与关联公司都由张某一个人实际控制，财务管理不规范，甚至涉嫌民间融资等，也可能导致 Y 公司回笼货款被挪用等道德风险。正如案例附件资料显示，W 公司诉 Y 公司买卖合同纠纷案中，法院判决"原告（W 公司）要求被告（Y 公司）支付逾期未付的货款 104 000.00 元的诉讼请求，证据充分，理由成立"。但被告（Y 公司）无正当理由拒不到庭参加诉讼，显示出无偿还诚意和努力。

（2）客户生产经营风险。Y 公司生产经营顺利，盈利能力强的情况下其偿还能力就强。一旦经营出现风险，现金流紧张，则 Y 公司偿还能力就会受到挑战。Y 公司成立前几年，经营规模持续扩大。但持续地贪大求强，可能有失稳健风格。如 2013 年 Y 公司扩大生产线，新建生产厂房 4 680 平方米，新建办公大楼 1 栋、库房 3 个、冷冻库 1 个，共计 13 320 平方米；建酱腌菜生产线 2 条，辣椒酱生产线 1 条，预计项目竣工时公司将成为全国第二，S 省最大的辣椒酱生产加工基地。这样的发展规模对资金需求量提出了更高的要求。同时，公司的经销商模式转型为直销模式，前期调研工作不扎实，以致全面推开后才发现资金要求高、决策错误，损失很大。这显示公司发展有冒进之嫌。Y 公司生产经营风险就导致银行贷款的第一还款来源出现危机。

（3）客户关联企业经营风险。Y 公司与关联 J 公司都由张某一个人实际控制，关联 J 公司的开发项目投资金额大，但公司自有资金严重不足，涉嫌民间私募融资；同时，项目进展不如预期，投资效果不佳，致使关联 J 公司陷入现金流困境。这也客观上加剧了实际控制人张某挪用资金、采用复杂的账务交易结构之动机。客户关联企业经营风险也可能危及对 Y 公司信贷资金的安全。

（4）银行贷前调查不深入。贷前调研是控制信贷风险的重要环节之一。贷前调查需要信贷人员深入了解公司生产经营、未来发展前景，同时核实企业的账、表、证等。但 2013 年农发行 P 支行发放 3 000 万元贷款前的调查并不深入，比如没有认识到 Y 公司从事的产品加工仅仅是初级加工，并不具备强大的市场竞争优势，在上下游产业链中谈判地位并不强势，市场替代品多，可替代性强，用户或经销商的黏性不稳固。对公司持续扩大规模和转型缺乏风险认知，对公司的真实经营情况缺乏深入细致了解。这显示出信贷人员缺乏责任心或业务不熟悉或者对担保中介的监督过分依赖，总觉得有担保公司就万事大吉。

（5）银行贷款审查不严格。据了解，宇宏融资担保有限公司向该行提供的注册资本、他行存款对账单等资料系伪造，导致农发行追偿时，除了担保保证金 300 万元收回部分贷款本息外，担保公司完全无力偿还剩余的 2 599 万元贷款本息。这显示，银行的贷款审查环节对证明材料的真实性并没有认真核实，显示出调查人员不是靠自己实地认真调查，而仅仅是听企业或担保公司汇报来掌握情况，无法及时辨出真伪。担保公司的担保是贷款第二还款来源，银行贷款审查不严格导致第二还款来源形同虚设。担保公司的担保风险，背后的深层原因是银行贷款审查不严格，显示出农发行内部控制存缺陷。

4. 农发行在风险暴露后及时采取了哪些措施？你认为这些措施有效性如何？给我们何种启发与思考？

农发行在风险暴露后及时采取了以下措施：

（1）收货部分贷款。及时向债权人发送提示付息的通知书、催收欠息的通知书、回笼货款整改通知。农发行还及时从企业贷款风险准备金收回贷款 150 万元，从担保公司收回贷款 251 万元。宣布贷款提前到期，对担保人的托管账户和 Y 公司的土地房产实行了诉前财产保全。

（2）及时追加担保措施。要求关联 J 公司追加保证担保，签订了保证担保合同。

（3）向保证人追偿。在 2014 年 9 月向保证人追偿，但无果。

（4）起诉保证人和借款人。农发行已向有关法院提交了起诉书，法院于 2015 年 3 月 23 日正式受理。

（5）推动重组。寻找合适的重组对象，推动 Y 公司重组进程，2015 年，香港公司与 Y 公司重组事宜谈判。

以上这些措施非常必要，但并不能确保未回收贷款本息的安全性。事后亡羊补牢虽然必要，但事前的预防更为关键。启发我们贷前调查和贷款审查环节要充分重视，抓好银行贷前和贷中的规章制度落到实处；抓好风险防控体系，比如落实客户部门责任，落实好员工责任；强化对担保公司资格入围审查，要选择管理规范、实力强、合作诚信的担保公司合作，并实现动态管理；抓好基层队伍建设，强化业务能力和责任心。

5. 农发行作为政策性银行的定位，既开展政策性业务，也拓展自营业务，请思考如何平衡涉农信贷支持与政策性机构的资产质量？

政策性银行区别于商业性银行，其资金来源仍以发行金融债为主，不能吸储筹集资金。过去几年，农发行通过大量发债，资产规模快速扩张，相比较其商业性贷款的猛增，农发行的政策性贷款基本停止了增长。2015 年 4 月 12 日，国务院正式批准中国农业发展银行三大政策性银行改革方案。农发行被定位以政策性业务为主。但按照农发行前几年的发展势头，未来的农发行既会开展政策性业务，也会继续拓展自营的商业性业务。无论是政策性业务还是商业性自营业务，都需要农发行加大涉农信贷支持力度，但要研究如何避免历史上政策性银行的"预算软约束"问题：一是需要明确政策性业务和商业性自营业务的边界；二是强化业务分账管理；三是强化资本约束与惩罚机制；四是政策性业务也可以引入政府招标购买的激励竞争机制。本问题属于开放式问题，可让学生发挥能动性，自由讨论。

4.4 建议课堂计划

1. 案例介绍（10 分钟）
2. 分组讨论（30 分钟）
3. 小组陈述（30 分钟）
4. 案例总结（10 分钟）

本案例正文附件

W 公司诉 Y 公司买卖合同纠纷民事判决书

日期：2015 年 6 月 25 日

法院：S 省新津县人民法院

案号：（2015）新津民初字第 1074 号

原告 W 公司诉被告 Y 公司买卖合同纠纷一案，于 2015 年 6 月 25 日公开开庭进行了审理。原告 W 公司的委托代理人何某到庭参加诉讼，被告 Y 公司经本院合法传唤无正当理由拒不到庭参加诉讼。本案现已审理终结。

原告 W 公司诉称，2014 年 2 月 19 日，原、被告双方签订一份《生鲜购销合同》。合同约定由被告购买原告的冷冻牛肉。合同签订后，原告按被告要求的数量于 2014 年 5 月 24 日向被告供货，但货款未付。双方于 2014 年 7 月 25 日对应付货款对账确认，确认被告应付原告货款人民币 104 000.00 元，对账确认后至今未付。经多次催收未果。合同还约定货到 15 日内支付货款，逾期未付应向供方支付货款总额每天 5‰的滞纳金，即违约金。但原告自动降低违约金的计算比例按每月 20‰计算。请求判令：1. 被告向原告给付货款 104 000.00 元，以该货款从 2014 年 6 月 10 日起按每月 20‰计算向原告给付逾期付款违约滞纳金，即违约金至货款实际付清日止计 30 000.00 元；2. 由被告承担本案诉讼费。被告 Y 公司缺席，未提交答辩状。

经审理查明，2014 年 2 月 19 日，原、被告双方签订一份《生鲜购销合同》。合同约定由被告购买原告的冷冻牛肉。合同还约定货到 15 日内支付货款，逾期未付向供方支付货款总额每天 5‰的滞纳金。合同签订后，原告按被告要求的数量于 2014 年 5 月 24 日向被告供货，并向被告开具 104 000.00 元的增值税发票。原、被告双方于 2014 年 7 月 25 日对应付货款以传真形式进行了对账确认，确认被告应付原告货款人民币 104 000.00 元，对账确认后应付原告货款至今未付。原告诉讼主张自动降低逾期付款违约滞纳金的计算比例按每月 20‰计算至货款实际付清日止计 30 000.00 元。

上述事实，有原告提交的《生鲜购销合同》《发货单》《增值税发票底联》原件各一份，《对账单》传真件复印件一份以及庭审笔录在案为证。本院对原告提交的上述证据的真实性、合法性、关联性以及证明的事实予以确认，作为本案事实认定的依据。

本院认为，1. 被告 Y 公司经本院合法传唤无正当理由拒不到庭应诉、答辩、举证、质证，对其不利的法律责任由被告自负。

2. 原告提交的证据《生鲜购销合同》《发货单》《增值税发票底联》《对账单》传真件能够相互应证原、被告双方签订的《生鲜购销合同》已实际履行以及被告购买原告的冷冻牛肉，经双方对账确认货款为 104 000.00 元未付的事实。双方签订的《生鲜购销合同》不违反法律规定，应受法律保护。依照《中华人民共和国合同法》第一百零九条，"当事人一方未支付价款或者报酬的，对方可以要求其支付价款或报酬。"的规定，原告要求被告支付逾期未付的货款 104 000.00 元的诉讼请求，证据充分，理由成立，本院予以支持。

3. 原告于 2014 年 5 月 24 日向被告供货价款 104 000.00 元，按合同约定货到 15 日内支付货款，逾期未付向供方支付货款总额每天 5‰的滞纳金。即被告应在 2014 年 6 月 9 日前付清货款。逾期未付已构成违约，依法应承担约定的违约责任。合同约定逾期未付向供方支付滞纳金，应视为逾期付款违约金的约定。原告起诉主张要求被告按每月 20‰计算给付逾期付款的违约滞纳金，原告对其计算比例的降低，是对自己权利的处分，不违反法律规定，不损害他人利益，依照《中华人民共和国合同法》第一百一十四条第一款"当事人可以约定一方违约应当根据违约情况向对方支付一定数额的违约金，也可以约定因违约产生的损失赔偿额的计算方法。"的规定，原告要求被告以所欠货款 104 000.00 元从 2014 年 6 月 10 日起至货款实际付清日止，按每月 20‰计算向原告给付逾期付款违约金 30 000.00 元的诉讼请求，证据充分，理由成立，本院予以支持。

综上所述，依照《中华人民共和国合同法》第一百零九条、第一百一十四条第一款，《中华人民共和国民事诉讼法》第一百四十四条的规定，判决如下：

一、被告 Y 公司在本判决生效后十日内向原告 W 公司给付货款 104 000.00 元；

二、被告 Y 公司在本判决生效后十日内向原告 W 公司给付逾期付款违约金 30 000.00 元。

如果被告 Y 公司未按本判决指定的期间履行给付金钱义务的，应当按《中华人民共和国民事诉讼法》第二百五十三条之规定，加倍支付迟延履行期间的债务利息。

本案案件受理费 1 490 元（已减半）。由被告 Y 公司承担。该诉讼费，原告 W 公司已预交，并自愿同意由被告 Y 公司在履行本判决义务时一并付给原告 W。

如不服本判决，可在判决书送达之日起十五日内，向本院递交上诉状，并按对方当事人的人数提出副本，上诉于 S 省 C 市中级人民法院。

审判员：陈某

2015 年 6 月 25 日

书记员：杨某

案例6　中信泰富外汇合约巨亏案例分析

案例编写人：付　强

摘要： 中信泰富为了给其在澳大利亚的投资项目所需支付的澳元进行套期保值，与若干国际投行签订了数份分别基于美元、澳元、欧元及人民币的复杂杠杆式外汇合约。无论从合约内容上看，还是从交易方向与交易数量上看，这些合约均带有明显的投机性，这些合约直接导致了中信泰富2008年净利润亏损高达126.62亿元。中信泰富外汇合约巨亏事件折射出该公司在金融衍生品交易方面缺乏有效的流程控制，风险对冲政策形同虚设。

关键词： 中信泰富；外汇合约；套期保值

引　言

2008年10月20日，香港中信泰富（00267）发布公告称，公司为减低西澳洲铁矿项目面对的货币风险，签订若干杠杆式外汇买卖合约而引致亏损，实际已亏损8.07亿港元。2008年10月17日，仍在生效的杠杆式外汇合约按公平价定值的亏损为147亿港元。相关外汇合约导致已变现及未变现亏损总额为155.07亿港元，而且亏损有可能继续扩大。当日，中信泰富股价开盘即暴跌38%，盘中更一度跌至6.47港元，跌幅超过55.4%，当日收报于6.52港元，跌幅达55.1%。

2008年10月22日，因中信泰富涉嫌延迟披露、非法陈述，香港证监会确认对其展开调查。

2008年11月12日，中信集团接收中信泰富持有的57亿澳元合约。并提供116.25亿港元备用信贷。

2008 年 12 月 24 日，香港商业罪案调查科搜查中信泰言总部取证。中信泰富公布 2008 年度业绩，其净利润亏损 126.62 亿元，其中外汇合约亏损 146.32 亿元。中信泰富发布公告，董事局主席荣智健、董事总经理范鸿龄等 17 名董事受到香港证监会调查。中信集团行使备换权，将 116.25 亿元港元可换股债券兑换成中信泰富股份，连同一致行动人士，持股量增至 70.46%。

2009 年 4 月 8 日，荣智健正式辞去中信泰富董事及主席职务。

1. 中信泰富交易背景介绍

1.1　中信泰富简介

中信泰富的历史最早可追溯至 20 世纪 80 年代末。1987 年，地处北京的中国国际信托投资公司即后来的中信集团创办了其在香港的全资子公司即中信香港。

1990 年，为达到上市交易的目的，中信香港与当时已经在香港联合交易所上市的泰富发展进行了并购重组，中信香港买入泰富发展 49% 的股份，同时，中信香港向泰富发展出售其在香港所拥有的资产，并收购了港龙航空 38.3% 的股份，以此完成了中信泰富的业务布局并在香港联合交易所上市。

中信泰富在之后的几年中进行了多元化业务的尝试，一个显著的特点是进入了钢铁行业。在 2004 年，中信泰富收购了江阴特钢厂的部分股份，还在当年收购了新冶钢公司 95% 的股份，由此则间接控股了在深交所上市的新冶钢公司子公司大冶特钢。中信泰富在 2006 年继续收购了石家庄钢铁公司。

由于钢铁厂的主要原料之一是铁矿石，而铁矿石这一上游市场已经价格连年上涨，且定价权垄断在国际三大铁矿石生产商手中，因此中信泰富为了确保其在中国大陆的钢铁厂有长期稳定的铁矿石原料供应来源，在 2006 年与澳大利亚的 Mineralogy Pty 采矿公司协议分别以 4.15 亿美元现金的价格，收购位于澳大利亚西部的两家总共拥有 20 亿吨磁铁矿资源开采权的子公司，两期的项目开发投资共约 25 亿美元。2007 年，中信泰富再次以 2 亿美元收购了 Clive Palmer 和 Mineralogy 公司位于澳大利亚西部磁铁矿的资源开采权，这个磁铁矿的储量也达到 10 亿吨。

1.2 外汇合约交易背后的项目需求

中信泰富收购的这个铁矿石项目为当时澳大利亚投资规模最大的项目。中信泰富为管理该项目在澳大利亚成立了中信泰富矿业公司。为建设该磁铁矿项目还将建设包括磨机、球团厂、选矿厂和粗碎机等设备设施。与此同时，对辅助设施的建设还将包括矿道、港口、发电站和海水淡化厂等工程，这些工程的耗资同样庞大。

因此，中信泰富所需的投资资金是十分巨大的。仅就其一期项目来说，中信泰富需要付出的收购项目的现金 2.15 亿美元和后续的追加投资约 14 亿美元，这还不包括一旦项目建成投产初期所需的运营资金以及其他各种资金。据估算，整个第一期项目预计所需的总投资额或将达到 42 亿美元。

由于该项目地处澳大利亚，该项目的投资与建设都将以澳元来结算。而中信泰富是香港的上市公司，港币是其本位币。同时由于港币与美元之间的联系汇率制度，中信泰富支付项目资金时将是以美元兑换成澳元来进行支付。因此，中信泰富在远期将要支出的巨额外汇，如不进行套期保值操作，将构成了巨大的外汇敞口风险。

此外，由于从 2007 年次贷危机开始，美联储所采取的量化宽松政策，导致美元指数不断走低，澳元持续升值，更使对冲的套期保值操作显得尤为必要。

由于以上原因，中信泰富与若干国际投行签订了数份分别基于美元、澳元、欧元、人民币的复杂杠杆外汇合约。

2. 中信泰富合约条款详解

中信泰富投资的杠杆式外汇合约主要有 4 种，分别为澳元累计目标可赎回远期合约、每日累计澳元远期合约、双货币累计目标可赎回远期合约、人民币累计目标可赎回远期合约。本案例主要研究每日累计澳元远期合约，其开始执行日期为 2008 年 7 月，到期日为 2010 年 10 月。

合约条款如下：在澳元合约中，双方约定的接货汇率为澳元兑美元 0.87，若汇率低于此数值，公司须以 0.87 的价格同时买入两份澳元；若高于 0.87，公司以 0.87 的价格买入一份澳元，可以赚取差价当累计收益达到一定额度时，合约自动终止。

因为受到金融危机的影响，从 2008 年 7 月开始，澳元汇率一改以往的强劲走势，波动加大，在 7 月中旬到 8 月的短短一个月期间，澳元的汇率出现持续快速贬值，澳元兑美元的跌幅高达 10.8%，几乎抵消掉了 2008 年以来的所有涨幅。

据报道，只要澳元合约不终止，中信泰富将持续以高价买入澳元，最多可能购买的澳元总量为 90.5 亿澳元，但是每一份澳元合约的最高收益为 150 万 ~ 700 万美元，只要累计利润达到这个额度，合约自动终止。

中信泰富签订的所有澳元合约，可能带来的最高利润总额仅为 4 亿港元，约合 5 150 万美元，即这些合约理论上的最高利润为 4 亿港元，但是最大亏损可以无限大。

3. 案例评析

3.1　合约不是完全套期保值而是对赌协议

第一，从交易目的和合约内容实质上看，都带有明显的投机性。

中信泰富买入外汇合约的初衷是为了对冲投资澳大利亚矿业项目的外汇风险，即澳元升值风险，是做套期保值。但从合约内容上看，该公司为了回避有限的汇率上涨风险，签订了在汇率下跌时风险敞口巨大的对赌协议。在买进看涨期权的同时，进一步赌注澳元汇率不会下跌，强烈看涨澳元汇率并期望从中获取高额利润的动机由此可见。

作为未来外汇需求的套保，其目标是锁定购买澳元的成本，也就是最小化澳元波动的风险。但是其签订的外汇合约的目标函数却是最大化利润，对风险没有任何约束。换言之，中信泰富的风险是完全敞开的。

第二，从交易方向来看，中信泰富买入看涨期权方向符合套保要求，但卖出看跌期权，与预期要做的对冲澳元上涨风险无关，是投机条约。

从交易方向来看，中信泰富买入看涨期权方向符合套保要求，公司目前手中没有澳元，在现货方向上可以视作是持有空头部位，因此在衍生品方向上应当买入，对冲澳元上涨的风险。

但卖出看跌期权，当澳元下跌时，将出现亏损，与预期要做的对冲澳元上涨风险无关，是投行附加的投机条约，当然也有可能是因为中信泰富太过自信，毕竟在过去几年里，澳元一直走强，中信泰富预期澳元会走强，同时又不愿支付期权费来买保险，因此卖出两份看跌期权，得到的期权金，用做买入看涨期权的费用。而具体情况是什么，没有人可以详细地知道这其中的内幕，最终的结果就是，中信泰富用期权对冲风险时，附加签订了理论上亏损没有下限的卖出期权合约。如果说是为了锁定价格，澳元价格下跌时，运营成本降低，在现货上获取收益，同时卖出看跌期权产生亏损，二者可以抵消掉一部分，但是看跌期权的数量是数倍于现货，因此如果汇率下跌，现货产生的收益没有办法对冲掉看跌期权产生的亏损，随着价格快速下跌，亏损会越来越多，永无止境。

第三，从数量上来看，由于衍生品履约周期为 3 年，远远长于现货贸易周期，造成公司持有衍生品数量远远超过实际所需保值量。

中信泰富买入外汇金融衍生产品的初衷是为了对冲投资澳大利亚矿业初期投资 16 亿澳元的外汇风险，加上 1 年 10 亿澳元的运营费用，1 年所需澳元总量也不过 26 亿澳元。

当澳元兑美元的价格走势对其有利时，中信泰富最多需买 36 亿澳元，而当价格大幅下跌时，则需要购入最多 90 亿澳元。金额比实际矿业投资额高出 3 倍多，大大超出所需保值部分，带来新的数十亿澳元敞口风险。中信泰富的真实澳元需求只有 26 个亿，这是量上的错配。

3.2 巨亏背后折射出监控缺失

中信泰富董事局主席荣志健的公开信中称，"集团财务董事未遵守集团风险对冲政策，在进行交易前未按照公司一贯规定取得董事会主席的事先批准，超越了职权限度"，"财务总监未尽其应有的把关职责，没有将此等不寻常的对冲交易提请董事会主席关注"。显然中信泰富公司在金融衍生品交易方面缺乏有效的流程控制，风险对冲政策形同虚设。虚拟经济下的风险相较实体经济而言大了太多，如果出了问题，往往连挽救的机会都没有，中信泰富如果没有中信集团的支持，后果也是不堪设想。这就要求可能从事金融衍生品交易的公司必须完善公司内控机制，加强内控能力建设，完善企业金融衍生品风险内控的流程和权限设置，配备专业的人员，充分研究投资品种，以此降低企业在金融衍生品市场上的风险。

4. 案例使用说明

4.1　教学目的与用途

1. 实用课程：投资学、国际金融、金融市场与金融机构
2. 适用对象：金融硕士及金融学等专业本科高年级学生
3. 教学目的：
（1）认识外汇交易的特点；
（2）了解外汇合约交易的风险特点；
（3）熟悉外汇交易的流程及外汇风险管理。

4.2　启发思考题

1. 中信泰富外汇合约巨亏事件对我们有何启示？
2. 登录上交所网站，下载纺织业、航空业、家电业企业发布的定期报告，找到汇兑损益在利润总额中占比较大的公司，分析纺织业、航空业、家电业企业面临的外汇风险暴露情况及其原因。
3. 查阅定期报告的附注以及公司发布的临时公告等信息，了解公司对外汇风险的管理情况。
4. 对上述公司外汇风险管理使用的策略及其方法进行评价，分析上述公司在外汇风险管理上存在的问题，提出相应的解决措施。

4.3　理论依据

外汇交易理论
外汇风险管理理论

4.4　建议课堂计划

同学们自行分组，每小组4人，小组成员间需要就上述四个问题展开充分讨论，并将讨论的结果做成PPT，在课堂上汇报。

案例7 膨胀的绿巨人——链家地产的金融变法

案例编写人：高 杉

摘要：成立于 2001 年的链家地产，经过 13 年的发展，业务遍及 10 个城市，拥有 3 万名房产经纪人。2014 年末，其全国门店已经达到 1 500 家，在根据地北京占有 55% 左右的市场份额。现在，链家网集房源信息搜索、产品研发、大数据处理、服务标准建立为一体的以数据驱动的全价值链房产服务平台。2013 年链家试水互联网金融，从而把业务扩展到金融业，2014 年底，链家理财全面上线。链家金融来自链家，也服务于链家。链家金融业务包括产权服务、资金托管、按揭贷款引荐、短期过桥、链家理财，服务于链家经纪业务、一手代理、资产管理、装修业务以及创新业务。本案例通过对链家金融的商业模式的分析，让学生对金融创新、互联网金融发展有更深入的理解。

关键词：链家金融；金融创新；互联网金融

1. 疯狂扩张与万亿 O2O 平台

2014 年春节后，回归正常生活的成都市民惊奇发现，遍布成都街头巷尾的"伊诚地产"一夜之间褪去了橘红色的招牌，统一更换为了"LIANJIA.链家"的绿色招牌，一红一绿的变化，非常醒目。作为成都老牌的二手房交易中介，成立于 2009 年的伊诚地产，在成都拥有 200 余家门店，辐射范围广，市场占有率高达 30%，在业界拥有很好的口碑。而南下联姻的链家地产成立于 2001 年，经过 13 年的发展，业务遍及 10 个城市，拥有 3 万名房产经纪人。2014 年末，其全国门店已经达到 1 500 家，在北京占有 55% 左右的市场份额。伊诚和链家的联姻，可谓是成都二手房中介市场的大事，而对于链家而言，这仅仅是其"扫货式"扩张的开篇。

2015 年全年，链家开启"扫货式"模式，足迹遍布东南西北的一二线城市，所到之处，均将当地排名靠前的地产中介纳入囊中。继成都伊诚之后，上海德佑、深圳中联、广州满堂红、杭州盛世管家、大连好旺角、济南孚瑞等当地大型中介机构都先后换上了链家的绿色招牌。经过扫货式扩张，链家的规模急剧扩大，截至 2016 年 3 月，链家在全国布局 24 个城市，线下门店近 6 300 家，其中北京 1 400 家，上海 1 300 家，拥有 8 万名房产经纪人。在北京和成都的市场拥有 63% 和 50% 超高市场占有率；在其他地区，也有多个成为市场"老大"。

在经济大环境低迷，房地产市场疲软的大环境下，链家的疯狂扩张为哪般？这也许可以从链家集团董事长左晖口中得到答案，在链家集团新房上线的战略发布会上，左晖在接受北京晚报记者采访时表示："链家已有了比较大的基础，如果这个领域不足够大的话我们就不去折腾……我们想做的是在房产这个重度垂直领域建立一个入口，连接人与服务。而金融、资产管理都将在未来成为'住'的入口。"①

因此，在左晖的版图中，链家首先要拥抱互联网，打造"万亿 O2O 平台"。做地产中介的 O2O 模式，即线上到线下（Online to Offline）模式，利用互联网平台，将海量真实的房源与有购房需求的消费者连接起来，打通线上与线下，引导消费者进入线下接受链家所提供的专业化高质量的房地产经纪服务，因此链家 O2O 的核心可以概括为"房源—平台—服务"。

这一模式旨在解决国内二手房交易市场存在的问题。

二手房市场被普遍认为是一个"得房源者得天下"的市场。因此，二手房中介的竞争实质就是房源的竞争，这种竞争最终使得二手房市场基础数据缺乏、信息不对称特别明显，要想获得真实的房源信息特别困难，因此很多房产中介为了吸引客户，普遍以虚假房源作为揽客手段，成为二手房交易市场健康发展的最大阻碍。其次，由于之前国内房地产市场火爆，特别在大城市，二手房源少但买房需求多，是比较典型的买方市场。因此，对中介而言，拥有房源的重要性大大高于为对象提供的专业化服务，这就导致二手房交易基础服务质量水平低下，从业人员专业化职业化水平不高。而随着房地产市场的降温，房产中介专业性欠缺、轻服务的特质势必带来各种问题。最后，传统的地产中介模式区域化现象比较严重，即辐射范围很小的房地产中介掌握其门店所在地周

①　《正式进军新房市场——链家打造万亿 O2O 平台》，载《北京晚报》2015 年 9 月 10 日。

边的房源，缺乏整合和规模化经营，互联网中介企业如搜房网、安居客等虽然集合了较多的房源，但这些平台属于第三方性质的平台，网络平台和地产中介之间往往存在诸多不一致的利益诉求，虚假房源信息更加泛滥。而互联网平台运营的一般逻辑主要是解决信息不对称，砍掉中间商，让渡价值给用户以换取用户的使用和粘性，房产中介平台自然而然同样按照这个逻辑致力于降低佣金来招揽人气，但收效不佳。究其原因，在于房地产是大宗交易，对于每一个家庭而言，购房的行为频率低，购房意味着花光全部的积蓄甚至透支未来几十年的收入，因此，有保障的交易、专业化的咨询服务以及真实的房源是客户看重的，毕竟节约的佣金相对于整个购房款而言是微不足道的。因此，链家所在的行业状况的具体特点可以总结为："信息不对称，卖方市场不成熟，大宗低频"①。针对上述特质，区别房产中介行业的传统门店模式和互联网模式的链家的O2O模式，其核心在于搭建互联网平台来解决信息不对称，通过大肆的收购扩张来获取真实的房源和整合从业人员的专业水平以改善卖方市场的不成熟的状况，为房产这种大宗低频的消费模式提供最迫切的专业化房产经纪服务；形成线上链家网，线下链家真实房源＋经纪人的商业模式。

这一模式的构想使链家充满雄心壮志，其高层曾公开表示，"万亿O2O平台"具体是指是"指到2017年，在链家交易平台上的房屋交易额要达到1万亿元，链家旗下拥有10万经纪人，届时，中国每出售10套房子，就有1套来自链家平台。"② 事实上，这个宏大的目标并非难以实现，据链家理财公开数据显示，2015年全年链家交易额就已突破7 000亿元，二手房交易和租赁总额突破5 500亿元人民币，当年的营业收入高达115亿元人民币。

2. 试水互联网金融

然而，链家的"野心"不止于此。

左晖曾说，链家有三个愿景：让交易更容易、让中国居住更有品质、让经纪人更有尊严。

房地产行业，是典型的资金密集型的行业，一线城市的一套房产价格动辄

---

① 《京东还是海底捞？从互联网思维角度，解读链家模式》［EB/OL］http：//xinhaiguang. baijia. biadu. com/article/298405。

② 《正式进军新房市场——链家打造万亿O2O平台》，载《北京晚报》2015年9月10日。

几百上千万。作为房产中介，传统的职能不外乎牵线搭桥，促使买卖双方完成交易，不会与交易所需的巨额资金产生瓜葛。可事实并非如此。有太多买房需求的人，缺乏资金，又由于各种具体问题，从银行那里得不到住房贷款；此外，二手房的银行按揭住房贷款申请相较新房手续繁琐且审批进度缓慢，在房价加速上涨时，时间成本极高；在二手房交易的过程中，还存在着大量"过桥贷款"的需求：比如业主卖的房源还未还清住房抵押贷款，买主因银行批贷放款较慢而无法支付尾款、业主换房等，上述情形的存在，会极大提高双方的交易成本和风险，阻碍双方交易的完成，使房产中介前期的投入付之东流。因此，为了推动房地产的交易数量和交易速度，房地产中介提供资金服务的做法显得既符合市场逻辑，也是水到渠成。

链家在解释自己进军金融业务初衷时层谈到这样一个背景：2013年，银根吃紧，北京二手房按揭贷款额度严重不足。银行批贷之后迟迟不能放款，运气不好的话，买家的贷款款甚至会拖半年才会到账。买房款不能及时到账给卖家，在房价上涨的情况下，买家面临的违约风险大增，买房合同失效的情形极为常见。因此，链家的最早涉及金融领域的垫资服务就是在这样的市场需求中产生。"一开始我们是用自己的钱做，最高投入了25个亿。但是用自己的钱没有任何杠杆，就不叫金融了，刚好又碰到P2P网贷的发展机会，所以就逐步在线上推，推一点卖一点。一开始只是自己的员工买，做着做着影响就扩散了。"① 链家副总裁、金融事业部总裁魏勇如是说。

2014年底，链家理财全面上线，其目的是支撑O2O模式的发展，确保二手房交易的顺利进行，避免客户由于资金困扰不能完成最后一步。链家理财的运作模式是典型的P2P平台模式，即线上对接投资理财需求的投资人，线下对接在链家办理购房业务的业主，形成房产买卖—支付—理财的房产金融闭环模式。链家理财相较其他P2P理财平台拥有明显的优势，融360在其对平台的调研报告中指出，"首先，在该类融资借款中，借款人全部用房产来抵押，属于保障程度较高的资产，目前借款人的抵押房产主要为北京地区房产，抵押率普遍为六成，借款人违约成本较高，而链家理财依托链家二手房——房产交易中介商，在资产评估和抵押物处置上有较大的优势，风险可控性较高。其次，链家理财的借款人来自链家二手房的交易方，链家二手房在北京地区链家二手房有众多门店，链家理财依托链家二手房的经营流程可以较好地实现借款人、房

---

① 《链家金融版图凸显：投入资金十多亿P2P业务将占两成》［EB/OL］http://house.hexun.com/2015-05-11/175698965.html

产等信息的收集和初步信审。"①

"家多宝"是一款早期在链家理财上线的产品，其贷款对象仅针对与在链家地产买卖房屋交易中急需资金的客户。具体情况分为三类：赎楼，业主卖房遇到银行按揭贷款未还清情况，链家地产出资将银行贷款还清赎楼。尾款垫资，买房客户已经向银行申请贷款，但因审批流程等问题不能及时拿到贷款，而与业主签约到期需付款，链家地产向其垫资。过桥贷款，业主买房同时需卖房集资，但买卖时间可能并不合拍，业主可以把房子向链家地产抵押给借款。到目前为止，链家理财资金端主要推出两个系列的八款产品，主要为借款人提供短期过桥融资业务，包括赎楼、尾款垫资、首付贷等等。"链家金融的研报显示，链家理财产品一般平均售罄只需 1 分钟，平均融资额度 123 万元，平均期限 2.2 个月，平均利率 8.26%，人均投资 68 304 元。"② 2015 年，链家理财平台累计成交量高达 138 亿元人民币。

作为 P2P 平台，链家理财是成功的，对于整个链家而言，链家理财无疑是链家万亿 O2O 平台的重要一环，它为交易提供了很好的融资渠道，解决了大量购房者的后顾之忧，真正实现了"让交易更容易"企业使命。

3. 全新的金融闭环模式

链家在金融领域的创新并未停止。

在解决了购房者的资金缺口和周转问题后，链家继续深耕互联网金融。这一次，链家把目光聚焦于困扰二手房交易由来已久的一个问题：先付款，还是先过户？问题的实质是交易过程中的资金安全。经历过二手房买卖的人对这一点的感触一定非常深刻，由于二手房交易涉及金额大、流程复杂，无论是付款等过户，还是过户等付款，总有一方要忍受煎熬，承担不必要的风险。因为房地产的交易不像去超市买东西，可以一手交钱，一手交货。过户的复杂程序总意味着要与付款相分离，不能同时进行。针对这个问题，传统的二手房交易过程有应对办法，即当交易双方互不了解、信任时，选择除地产中介外交易双方都能接受的第四方作为中间人管理交易资金，而这个第四方通常是银行。但由

---

① 《P2P 网贷平台调研报告之十一：链家理财》，[EB/OL] http：//www.P2P110.com/article-67950-1.html。
② 《媒体称链家金融业务模式系行业普遍现象但风险多》，[EB/OL] http：//business.sohu.com/20160228/n438744409.shtml。

于银行监管过户程序复杂，时间成本高等弊端，使得买卖双方依赖彼此信任直接转移房款的交易行为依旧普遍存在，违约风险时有发生。

除了二手房交易不能一手交钱，一手交货以外，这种现象也普遍存在于网络购物的交易过程，消费者对于付款收不到货物的担忧，是早期网络购物在中国无法迟迟无法打开局面的重要原因，直到支付宝的横空出世，才从根本上扭转了局面。依照这个思路，链家想到用同样的手段解决相同的问题，虽然二手房交易不同于网络购物，两者金额差异很大，但本质是相通的。

作为唯一一个取的第三方支付牌照的房产中介企业，链家在2015年低调推出第三方支付平台——理房通。第三方支付平台是指与银行（通常是多家银行）签约，并具备一定实力和信誉保障的第三方独立机构提供的交易支持平台①。这种交易支持平台是买卖双方在交易过程中的资金"中间平台"，也是"信任中介"。如果把买房的过程看作一次普通的网络购物，那么理房通就是房产界的支付宝。理房通的本质是第三方的资金托管，其向买家提供包括定金、房款、物业交割保证金在内的资金托管服务，如果交易一旦出现风险，所托管的资金如数返回买家账户，这就极大地降低了一些凭借假房源、抵押房或查封房骗取定金，导致房屋无法过户的行为，保证了交易中的资金安全。仅仅上线4个月，理房通中所托管的资金就突破100亿元。至此，链家依托O2O平台，通过对接链家理财和理房通形成了"房产买卖—银行按揭—资金托管—产权服务—过桥融资—金融理财"的金融闭环模式，而其发展的路径也遵循了金融发展的本质，即金融是为了解决贸易和生活过程中的问题。

在经营规模的不断扩大的同时，金融业务占链家总收入的比重越来越高，据公开资料显示，2015年链家金融净利润占比超过10%，在董事长左晖的规划中，到2020年，链家金融净利润占比将提升到50%，届时，链家的战略将以房产经纪和房产金融为两翼，依托互联网平台，实现快速发展。

4. 案例使用说明

4.1 教学目的和用途

1. 适用课程：本案例主要适用于《金融学》《金融市场与金融机构》《电

---

① 第三方支付平台，http://baike.baidu.com/view/263080.htm。

子商务》中的"金融创新""金融创新市场"或"互联网金融创新"以及
"金融监管"等内容的学习。

2. 适用对象：金融类本科，电子商务本科，金融专业硕士。

3. 教学目的：本案例通过对房产中介链家基于互联网进行的商业模式创
新和互联网金融创新的介绍，使学生理解互联网和传统产业碰撞所产生的价
值，特别是互联网金融创新的发展逻辑与价值。并分析其对传统金融市场和金
融机构所带来的冲击和互联网金融在发展过程的监管缺失带来的风险及应对
办法。

4.2　启发思考的问题

1. 什么是金融创新？
2. 什么是互联网金融？
3. 怎样评价链家在金融领域的创新尝试？
4. 链家的互联网金融业务如何支撑其战略的发展？

4.3　分析思路与理论依据

1. 金融创新

金融创新的含义，目前尚无统一的解释。其定义大多是根据美籍奥地利著
名经济学家熊彼特的观点衍生而来。熊彼特于 1912 年在其成名作《经济发展
理论》中对创新所下的定义是：新的生产函数的建立，也就是企业家对企业
要素实行新的组合。按照这个观点，创新包括技术创新（产品创新与工艺创
新）与组织管理上的创新，因为两者均可导致生产函数或供应函数的变化。
按照熊彼特经济创新的概念，我国学者将金融创新定义为金融内部通过各种要
素的重新组合和创造性变革所创造或引进的新事物的过程。按照创新所涉及的
不同层次，可以分为宏观、中观和围观层面。

宏观层面的金融创新实质就是金融史上的重大变革，这种重大变革本身构
成了金融的不断发展，因而金融业的发展史就是一部不断创新的历史。从这个
层面上理解金融创新有如下特点：金融创新的时间跨度长，将整个货币信用的
发展史视为金融创新史，金融发展史上的每一次重大突破都视为金融创新；金
融创新涉及的范围相当广泛，不仅包括金融技术的创新，金融市场的创新；金

融服务，产品的创新，金融企业组织和管理方式的创新，金融服务业结构上的创新，而且还包括现代银行业产生以来有关银行业务，银行支付和清算体系，银行的资产负债管理乃至金融机构，金融市场，金融体系，国际货币制度等方面的历次变革。

中观层面的金融创新是指 20 世纪 50 年代末，60 年代初以后，金融机构特别是银行中介功能的变化，是政府或金融当局和金融机构为适应经济环境的变化和在金融过程中的内部矛盾运动，防止或转移经营风险和降低成本，为更好地实现流动性，安全性和营利性目标而逐步改变金融中介功能，创造和组合一个新的高效率的资金营运方式或营运体系的过程。它可以分为技术创新，产品创新以及制度创新。技术创新是指制造新产品时，采用新的生产要素或重新组合要素，生产方法，管理系统的过程。产品创新是指产品的供给方生产比传统产品性能更好，质量更优的新产品的过程。制度创新则是指一个系统的形成和功能发生了变化。而使系统效率有所提高的过程。

微观层面的金融创新仅指金融工具的创新。大致可分为四种类型：信用创新型，如用短期信用来实现中期信用，以及分散投资者独家承担贷款风险的票据发行便利等；风险转移创新型，它包括能在各经济机构之间相互转移金融工具内在风险的各种新工具，如货币互换、利率互换等；增加流动创新型，它包括能使原有的金融工具提高变现能力和可转换性的新金融工具，如长期贷款的证券化等；股权创造创新型，它包括使债权变为股权的各种新金融工具，如附有股权认购书的债券等。

互联网金融（ITFIN）是指传统金融机构与互联网企业利用互联网技术和信息通信技术实现资金融通、支付、投资和信息中介服务的新型金融业务模式。[①] 互联网金融 ITFIN 不是互联网和金融业的简单结合，而是在实现安全、移动等网络技术水平上，被用户熟悉接受后（尤其是对电子商务的接受），自然而然为适应新的需求而产生的新模式及新业务。是传统金融行业与互联网技术相结合的新兴领域。

由此可见，互联网金融的异军突起，其涵盖了金融技术、市场、服务和产品的创新，不仅带来了金融组织业态的创新，也带来了网络金融观念的创新，对传统银行业的产品、支付体系、清算体系发起了挑战，它的飞速发展，不断引导金融监管的创新。故互联网金融创新是金融发展史上的重大事件，是微

---

① 《人民银行等十部门发布〈关于促进互联网金融健康发展的指导意见〉》，［EB/OL］http：//www. gov. cn/xinwen/2015-07/18/content_ 2899360. htm。

观、中观和宏观层面的金融创新。

2. 链家的互联网金融创新

传统金融业服务实体经济的最基本功能是融通资金，是将资金从储蓄者转移到投资者手中。资金供需双方的匹配（包括融资金额、期限和风险收益匹配）通过两类中介进行：一类是银行，对应着间接融资模式；另一类是股票和债券市场，对应着直接融资模式。这两类融资模式对资源配置和经济增长有重要作用，但也产生了很大的交易成本，直接体现为银行和券商的利润。同时，获得这类中介的服务的要求比较高，如银行的间接融资，对资金需求者的背景、信用状况的审核非常严格，要求高，审核时间长。房产中介的传统业务是提供房产经纪服务，搭建平台促成交易双方顺利完成交易，但由于二手房本身的特质，在交易过程中有强烈的融资需求和资金安全的需求，而传统的银行业又无意涉足此领域，因此，房产经纪利用自身的平台和资源进行金融创新合情合理。金融的出现最早是为了解决商品交换中出现的问题，为推动交易的顺利进行而产生的。链家的互联网金融创新的目的是为了对接链家万亿 O2O 平台，推动二手房交易的顺利进行、保障资金的安全而创立的，并不是为创新而创新，其产生和发展有着自己自身的逻辑。

链家的互联网金融创新主要涉及两个领域，一是 P2P 网贷，二是第三方支付，分别对应链家理财和理房通。

P2P 网贷是指通过第三方互联网平台进行资金借、贷双方的匹配，需要借贷的人群可以通过网站平台寻找到有出借能力并且愿意基于一定条件出借的人群，帮助贷款人通过和其他贷款人一起分担一笔借款额度来分散风险，也帮助借款人在充分比较的信息中选择有吸引力的利率条件。这个平台通过直接对接贷款人和借款人，市场充分有效，接近一般均衡定理描述的无金融中介状态。链家理财的平台相较其他 P2P 平台具有无法比拟的优势：优质借款人，风险可控。

这些借款人多数都是链家曾经服务过或正在服务的客户，拥有房产意味着他们的资产状况良好，比起传统 P2P 平台上的无抵押借款人，链家理财平台更具投资安全保障。链家理财上的借款标的，多数用于赎楼垫资，或尾款支付等用途，这类用途因为其资金占用期限短、金额小，银行等金融机构没有太大动力去服务，而链家通过 P2P 方式，可以更灵活准确地服务这些借款人。根据季报中的数据显示，87.40% 的借款期限小于 90 天，近 20% 的借款期限在 30 天以下。这有助于投资人控制风险，并且保持良好的资金流动性。期限短，收益高，有充足可靠的抵押。对于传统P2P来说，最大的难题就是核实借款人的真实信息和实地风控审核，而链家理财在这方面有着得天独厚的优势。基于积累多年的"大数据"，链家可以掌握借款人的真实信息和资产状况，而对于房地产业务的多年经营，又使得链家对于作为抵押物的房产有着专业的估值和评判。

理房通是链家旗下定位于全国房屋资金担保支付的第三方支付平台，获得央行颁发的"支付业务许可证"。理房通主要负责买卖双方在房屋交易过程中涉及的定金、房款、物业交割保证金、经纪公司服务费等所有资金安全。目的依然是为了推动二手房交易的顺利进行，提供资金存管业务，确保资金安全的平台。

4.4　建议课堂计划

可用作单独的讨论课，也可配合理论课程作为支撑案例。

当作为单独讨论课时，计划时间90分钟。

课前：拟出启发思考的问题。

1. 案例介绍（20分钟）

2. 分组讨论（30分钟）

3. 小组陈述（30分钟）

4. 总结（10分钟）

当作为理论课程的支撑案例时，计划30分钟。

1. 案例介绍（10分钟）

2. 分组讨论（10分钟）

3. 发言和总结（10分钟）

课后作业：收集链家上海事件的相关报道，思考从链家上海事件，怎样看待在互联网金融创新过程中的风险和监管？

案例8 四川省阿坝州金融扶贫实践

案例编写人：单德朋

摘要： 本案例展现了各金融机构在四川省阿坝藏族羌族自治州金融扶贫实践过程中面临的实际困难和应对举措，阐述了金融扶贫过程中各利益相关者的利益诉求与实现减贫目标的关系。通过本案例的深入思考，有助于理解通过金融发展实现贫困减缓的可靠路径，并为金融扶贫中的信贷目标漂移问题提供规制思路。本案例适用于金融硕士普惠金融方向相关专业课程的教学使用。

关键词： 金融发展；贫困减缓；农村金融；风险管理

引 言

新一轮扶贫攻坚阶段，政策层面通常在"授人以渔"的理念下，通过对资本匮乏的现状进行外部冲击来谋求贫困减缓，进行"金融扶贫"或者"金融撬动"。但由于贫困地区自然环境、经济发展水平和社会结构的特殊性，在金融扶贫的过程中，相关金融机构普遍面临着涉贫贷款放贷成本高、风险高、收益小的困难，从而在利润导向下，使得金融扶贫面临着财务可持续的约束，导致信贷资金流向非贫困地区和非贫困人口，从而出现目标瞄准偏误。另外，贫困人口在信贷需求数量和结构上也体现出了与金融扶贫初衷相背离的情况，体现为贫困人口经营性和生产性信贷需求不足，涉农信贷转为消费用途等。上述情况意味着，金融扶贫的政策绩效存在较大的改进空间。本案例以阿坝州为例，通过展示阿坝州金融机构在扶贫工作中的作为，来思索金融减贫的路径和改善金融扶贫绩效的思路。

1. 阿坝州的贫困现状与致贫原因

1.1 阿坝州的贫困现状

四川省阿坝州位于青藏高原东南缘、四川省西北部，辖马尔康、金川、小金、阿坝、若尔盖、红原、壤塘、汶川、理县、茂县、松潘、九寨沟、黑水13县，220个乡（镇），1 353个行政村，面积8.42万平方公里，平均海拔3 000米以上。2015年末户籍人口总数91.41万人，其中，藏族占58.1%，羌族占18.6%，回族占3.2%，汉族占20.1%，是四川省第二大藏区和我国羌族主要聚居区。

阿坝州属国家确定的全域扶贫地区，2013年所辖13县均为贫困县，有606个贫困村，占行政村比例为44.7%（见表1）。2013年，农牧民人均纯收入6 793元，较全省平均水平低1 102元。2013年末，阿坝州贫困人口11.7万人，贫困发生率为16.3%，比四川省高6.7个百分数。贫困发生率最高的壤塘县贫困发生率超过20%，阿坝州的贫困现状距离实现全面小康的差距较大。

表1　　　　　　　　　　　阿坝州贫困情况（2013年）

地区	县数	农民人均纯收入（元）	户籍农业人口（万人）	贫困村（个）	贫困村占行政村比例（%）	贫困户（万户）	贫困人口（万人）	贫困发生率（%）
全省	161	7 895	6 500.0	11 501	24.1	211.01	624.6	9.6
阿坝州	13	6 793	71.5	606	44.7	3.2	11.7	16.3
汶川县	1	7 610	6.5	37	31.6	0.2	0.9	13.3
理县	1	6 550	3.5	36	44.4	0.2	0.6	17.7
茂县	1	6 810	8.4	64	43.0	0.4	1.4	16.7
松潘县	1	6 890	5.8	55	38.5	0.3	1.0	16.5
九寨沟县	1	6 820	4.7	48	40.0	0.2	0.7	15.7
金川县	1	6 575	6.2	52	47.7	0.3	1.1	17.0
小金县	1	6 185	6.9	88	65.7	0.3	1.3	18.2
黑水县	1	5 680	5.3	64	51.6	0.3	1.0	19.2
马尔康县	1	7 730	3.2	29	27.6	0.1	0.4	12.9
壤塘县	1	5 365	3.6	44	73.3	0.2	0.7	20.2
阿坝县	1	7 150	7.0	35	42.2	0.3	1.0	14.6
若尔盖县	1	7 030	6.8	41	42.7	0.3	1.1	16.2
红原县	1	8 006	3.6	13	38.2	0.1	0.5	13.6

资料来源：全国扶贫建档立卡信息管理平台。

1.2 阿坝州的致贫原因

表2中给出了阿坝州建档立卡贫困户的致贫原因，2013年度有54.9%、30.2%和21.1%的贫困户因缺少资金、劳动力和技术等生产要素而致贫，除此之外，还有26.7%的贫困户因病致贫。从这些微观致贫原因的宏观表现来看，阿坝州的主要宏观致贫原因为：

第一，经济发展不足是阿坝州最大的州情。2015年末，阿坝州GDP总量为265.04亿元，只占全省GDP总量的0.88%，与百分之一还有很大的差距，全州经济总量在21个市州倒数第二位，而阿坝县、壤塘县的GDP总量排在全省末尾。阿坝州农业受地域条件限制，集约化程度低，现代化农用机具运用较少。交通、水利、教育、医疗、城镇、农村等基础设施建设主要依靠国家、省的专项投入支持，而这些项目建设的中标单位绝大部分是来自内地的工程队伍，本地人员最多能做一些技术要求不高的零星活路，或卖点砂石而已，对周边群众的带动效果十分微弱。工业主要集中在水能资源开发、采矿和初级产品加工等高耗能产业，以特色农畜产品加工增值的企业有较好的发展，但规模效应十分有限，民族手工业发展对解决当地群众生活用品等方面起到积极的作用，但受市场的限制，规模仍弱小。以旅游业为主的第三产业发展成为带动富民的重要支撑，但与阿坝州富集和高品位的旅游资源比较，还具有非常大的潜力。

第二，地理环境恶劣是阿坝州致贫的重要背景。（1）阿坝州地貌以高原和高山峡谷为主，地处高半山（高山峡谷的高海拔地区）的乡镇、村分别占全州的74.5%、53.6%，交通不便、气候恶劣、生存环境差，长期制约当地群众脱贫致富。（2）阿坝州整体耕地少而贫瘠，西北部的丘状高原地区，冬季严寒漫长，年平均气温仅0.8~4.3℃，制约当地产业发展。（3）部分地区经济发展受气候、地质灾害影响严重。东部汶川、茂县、松潘等地频繁遭受地震、泥石流、塌方等自然灾害破坏，对经济发展的影响程度较深。如2008年"5·12"汶川地震直接损失达1 823亿元，且次生灾害频发。（4）高山峡谷地貌影响交通建设，截至2015年末，全州仅有都汶高速一条高速公路，无建成通车铁路，九黄机场、红原机场覆盖面还不高，加之频发的自然灾害对交通设施破坏性巨大，交通对经济建设的拉动作用还未完全显现。

第三，人力资源短缺是阿坝州致贫持续存在的重要原因。阿坝州人力资本及劳动力极为缺乏，表现为：教育发展较内地明显滞后、高素质劳动力缺乏、科学文化知识水平低下、人才主要靠内地支援、部分接受高等教育人才不愿意回到家乡，在各种专业人才原本不足的情况下还出现了大量外流的现象。健康状况也制约着经济发展，大骨节病长期困扰，全州大骨节病人口集中在壤塘、阿坝等11个县的290余个行政村，病区人口约占全州农业人口的20%以上，患者约占病区人口的30%，以至于部分群众不能从事劳动，使得阿坝州经济发展与人才需求的矛盾日益突出。在第六次人口普查中，阿坝州文盲人口近9万人，占当时常住总人口的10%。目前在部分偏远地区多数农牧民不通汉语，对新生事物接受能力有限，对发展生产、对外交流带来诸多影响。

表2　　　　阿坝州建档立卡贫困户致贫原因情况统计表（2013年度）　　　单位:%

地区	因病	因残	因学致贫	因灾	缺土地	缺水	缺技术	缺劳力	缺资金	交通条件落后	自身发展力不足	其他
全省	53.9	5.2	5.9	4.5	2.0	2.0	31.8	23.2	46.6	9.5	6.6	12.7
阿坝州	26.7	2.9	10.8	8.4	8.0	1.6	21.1	30.2	54.9	12.6	11.7	22.7
汶川	7.0	1.4	7.8	26.0	9.4	2.7	16.3	13.0	65.8	3.0	4.3	24.4
理县	34.7	3.1	13.9	6.9	19.1	2.3	16.9	20.6	55.3	2.9	9.5	26.0
茂县	46.2	8.4	12.4	25.3	20.6	3.3	21.2	31.4	21.6	2.9	5.8	8.4
松潘	4.5	1.3	7.9	2.2	5.7	0.2	61.1	30.6	80.8	4.3	9.7	10.0
九寨沟	25.6	3.2	9.3	0.9	4.9	0.0	25.5	42.6	42.4	3.3	34.7	22.3
金川	29.8	3.9	21.4	5.2	4.6	0.7	18.3	15.4	48.9	3.0	4.5	6.1
小金	31.9	4.6	21.8	7.8	6.8	2.6	16.3	35.5	47.5	10.6	13.5	9.3
黑水	23.4	1.2	12.8	9.1	14.4	4.2	32.0	26.2	42.7	19.0	28.1	17.0
马尔康	97.1	0.0	0.0	0.0	0.1	0.0	0.0	99.9	100.0	1.8	0.0	0.0
壤塘	0.0	0.0	0.0	0.0	0.0	0.0	0.0	0.0	100.0	100.0	0.0	99.9
阿坝	40.1	0.8	2.6	0.5	4.5	0.0	23.9	46.0	62.2	4.8	7.8	28.7
若尔盖	5.7	0.0	5.2	0.2	2.7	2.1	16.7	36.1	46.5	6.4	19.9	37.7
红原县	21.0	6.1	14.2	15.3	1.6	0.0	2.3	25.5	41.8	0.2	11.2	15.3

数据来源：全国扶贫建档立卡信息管理平台。

2. 阿坝州金融扶贫的历程

事实上，支持扶贫发展历来是阿坝州金融机构尤其是银行业的重要任务。在阿坝民族地区，从1950年解放以来，当时的人民银行机构和农村信用社机构的贷款主要是用于支持扶贫发展。当时的贷款项目就有春耕生产贷款（种子贷款、农具贷款、耕牛贷款、生猪贷款等）、生活贷款（口粮贷款、治病贷款等）、集体农业贷款、乡村企业贷款、专项贷款（长期口粮无息贷款、灾区口粮无息贷款、扶贫贴息贷款等）。银行和农村信用社对农村发放的贷款，对农民群众发展生产和生活保证起到积极的支持作用，但由于部分贷款人到期后仍无能力偿还银行和农村信用社的贷款也造成了金融机构的财务表现受损。据历史资料统计，1951～1988 年，阿坝州的人民银行、农业银行和农村信用社，按政策规定对确无偿还能力的农村贷款共进行了八次清理，共豁免贷款本金就达 208.43 万元，按当时的物价和购买力应是对贫群众是巨大帮助和支持。而这一时期的人民银行在区一级行政所在地和工矿企业集中地也设有机构网点，农村信用社的机构网点也是按公社（乡镇）设置，主要负责农村区域的金融服务，对农村群众生产生活的基本金融服务基本能得到保证。置身阿坝民族地区的金融机构，历来将工作重心放在支持和服务经济社会事业不断发展，结合阿坝资源优势与"老、少、边、穷、病、灾"并存的特殊性，不断深化金融改革，努力寻求金融工作创新，践行支持和服务阿坝民族经济和社会事业不断加快发展的有效途径。2010 年以来阿坝州金融扶贫的政策实践主要包括：

第一，扎实做好金融支持藏区脱贫攻坚和持续发展组织工作。人民银行阿坝中心支行牵头成立金融支持藏区跨越发展工作协调联席会议制度，结合阿坝藏区经济、社会发展特点，找准金融支持有效路径。通过党报、杂志、电视等媒介宣传金融政策，为金融支持藏区发展政策传导实施创造良好的外围环境，提升了货币政策实施的实效。2013 年，阿坝州委、州政府全面启动扶贫开发金融服务工作，相继出台《阿坝州扶贫开发金融服务工作实施意见》等一系列指导性文件，建立了"党委总揽、政府主导、人行推动、部门联动、金融机构参与"的工作机制，将扶贫开发金融服务工作载入《阿坝藏族羌族自治州农村扶贫开发条例》。在工作中，金融机构注重与政府部门通力配合，实现了产业政策、财政政策、金融政策有效融合，按照"一县一策"原则，在全州 13 县建立扶贫开发金融服务示范基地，通过对县域重点产业和优质项目的支持，强化基础金融供给，提升金融服务能力，带动辐射县域经济发展和农牧民增收致富。截至 2015 年末，共建立示范基地 24 个，涉及种养殖、文化旅游、乡村旅游、食品加工等六大类产业，累计投放信贷资金 4.1 亿元，带动农户 4.7 万户。

第二，不断提高民生金融服务水平。在人民银行货币政策的引领作用下，银行贷款投入持续增强，支持重点项目建设和"三农"等薄弱领域发展。加大对绿色工业、生态旅游业的信贷支持，支持优势资源开发与转化。发放农户小额贷款、农房重建贷款、牧民定居贷款，支持改善农牧民生活条件。积极推进金融支持牧民定居行动计划，累计向2.8万户牧民发放贷款6.6亿元，支持新建定居房224万平方米。建立健全"动态管理，适时调整"的民贸贴息贷款企业准入退出机制，2015年共向民贸企业贴息205.3万元。以支持羌绣"绣娘"创业为载体，推进妇女小额担保贷款投放。2015年妇女小额担保贷款余额达2403万元。通过州委州政府印发《阿坝州金融支持集中连片特困地区"扶贫惠农工程"实施方案》，为推动金融扶持集中连片特困地区脱贫致富提供了清晰的工作思路。"十二五"期间阿坝州贷款数据如表3所示。

第三，持续完善金融基础设施建设。深入开展"迅通工程"建设全州共发展"银行卡助农取款"服务点2046个，消除支付服务空白乡镇227个，实现支付服务乡镇全覆盖；消除支付服务空白行政村1280个，完成全部任务的90.4%；剔除无电无网络行政村，实际消除率达100%。ATM、POS机具布放7354台，助农取款、查询业务大幅攀升。刷卡无障碍示范区建设进一步深化，建成县级刷卡无障碍示范街14个、州级2个、省级1个。在全省创新性开展惠农综合服务平台建设，已在6县建成12个惠农综合服务平台，加载缴费取款、国库资金直拨、便民钞币兑换和跨行取款等功能。

第四，深入推进金融生态环境建设。由人民银行、银监机构、政策性银行、商业银行、商业保险与证券机构建的金融体系，金融管理与监督各司其职，共同创造和维护良好金融生态，支持和服务阿坝民族地区经济和社会事业持续发展。并且深入开展信用体系建设，中小企业和农村信用体系试验区创建工作有序开展。旅游文化产业信用体系建设取得突破，州政府出台《阿坝州旅游文化产业信用体系建设实施方案》，推动阿坝州率先在四川省启动旅游文化产业信用体系试点工作。在全省率先建立健全金融稳定工作协调机制，不断加强风险监测和预警能力。

第五，有效落实各项金融扶持政策。加大农业银行"三农金融事业部"考核力度，改革取得实效，全年共有6家达标"三农金融事业部"享受到优惠存款准备金率。做好财政金融配合奖补工作，2015年全州金融机构共获得奖励补贴595.72万元，包括涉农贷款增量奖励、小微企业贷款增量奖励、农村支付结算建设奖励等。

第六，持续增强保险风险分散功能并大力拓展直接融资市场。不断深化保险业务发展，不断创新保险服务领域，商业保险作用进一步发挥。积极开展政策性农业保险，探索开展自然灾害公众责任险、农房保险、森林保险、大病统筹保险、草原保险等险种，2011～2015 年全州保险公司累计保费收入 18.84 亿元，累计赔付支付 7.33 亿元，为全州经济发展保驾护航，详见表 4。此外，阿坝州还大力拓展直接融资市场，证券公司的入驻，为广大群众提供了除银行存款、理财外的又一投资渠道。目前阿坝州有 2 个证券公司营业部，为广大群众提供证券交易服务。有 1 家上市公司，有效拓宽了阿坝州企业融资渠道。阿坝州资本市场数据详见表 5。

表3	"十二五"期间阿坝州贷款数据			单位：亿元	
项目	2011 年	2012 年	2013 年	2014 年	2015 年
各项贷款余额	151.7	165.89	186.44	205.68	221.63
农户贷款	29.42	36.49	44.08	55.68	61.17
中长期固定资产贷款	54.89	60.56	69.34	72.43	92.85
电力、燃气及水的生产和供应业贷款	63.35	68.77	78.45	83.88	99.01
央行支农再贷款余额	7.83	10.23	10.03	—	8.9

数据来源：人民银行阿坝州中心支行，2014 年州农信社改制，将支农再贷款还清。

表4	"十二五"期间阿坝州保险公司主要财务数据			单位：万元	
项目	2011 年	2012 年	2013 年	2014 年	2015 年
保费收入	25 045.02	29 752.96	37 517.11	44 212.33	51 825.4
其中：财产险收入	17 222.74	19 819.92	27 807.10	33 050.34	37 272.23
寿险收入	5 642.28	7 102.87	6 357.25	6 874.23	7 345.4
意外伤害险	1 052.25	1 451.97	1 742.67	2 318.97	3 013.04
健康险	1 127.75	1 378.2	1 610.09	1 968.79	4 194.73
赔付支出	9 145.26	10 745.01	12 587.28	15 770.63	25 024.17

数据来源：保费收入数据来自四川省保监局，赔付支出来自人民银行阿坝州中心支行。

表5	"十二五"期间阿坝州资本市场数据			单位：亿元	
项目	2011 年	2012 年	2013 年	2014 年	2015 年
证券交易额	15.13	10.45	17.77	23.36	79.41
上市公司资产总额	24.56	24.08	23.26	22.76	23.85

数据来源：证券交易额数据来自人民银行阿坝州中心支行，上市公司资产总额来自上市公司年度公报。

3. 阿坝州金融扶贫中面临的问题

根据贫困地区和贫困人口收入提升的规律，扶贫类投资一般收益期较长，因此政府、资金的关注点可能更多地集中在重大项目的投资上，而对各类县域经济主体的支持相对较弱，也就催生了部分地区国有大型银行一笔或几笔贷款立行的集中情形。在阿坝州，水电、旅游业项目贷款占比长期高达80%以上，客观上对扶贫开发的重点地区、难点领域产生了挤出效应。

阿坝州贫困县的资金还面临着被抽取的现象，例如2015年末，壤塘县各项贷款余额1.21亿元，比2011年末还减少0.09亿元，阿坝县也仅增加0.9亿元，而相对发达县如汶川县增加了6.79亿元。从而导致越贫困地区金融支持越少甚至倒退，越发达地区金融支持越多的现象，表6给出了阿坝州金融机构的存贷款比数据，从中可以看出阿坝州确实面临着更为严重的资金外流情况，不利于金融扶贫。

阿坝州地广人稀的特点，使得金融机构基础服务设施建设的难度和成本提高，为保证助农取款服务点的正常运行，银行业金融机构一般每月需对布放机具进行一次维护。但阿坝州地广人稀、居住分散，地形复杂、路况较差，对机具的巡检维护成本偏高，限制农村地区支付结算服务持续发展，阿坝州金融服务的供给还与贫困人口的需求有着较大差距。经济发展不足、企业风险频发也提高了风险拨备，但涉农金融利益的补偿不足，如牧民定居贷款执行基准利率的90%。但信用社还需承担过高的担保基金存款利率，利润空间狭窄。银行卡助农取款业务补贴费用少，商户代理积极性不高。按目前四川省办理助农取款业务每笔收取1元费用的规定，代理商户每笔最多收入2元。虽然地方政府给予了部分补助，但限于阿坝州财力有限，每年平均到各服务点的补贴不超过100元，全年平均每个服务点的综合收入仅200元左右。这些成本因素使得金融机构有选择性支持重点优势行业发展，偏重于大型优质企业，中小企业贷款满足率低，贷"小"不贷"微"现象普遍存在，新型农业经营主体自身发展缓慢，贷款获得率低，农户小额贷款风险较高，向农村个体工商户等大额贷款调整现象明显。

除了上述情况之外，由于阿坝州贫困人口文化水平不高，获取市场信息的能力有限，还导致了很多地方存在信用社推销贷款但贫困户不借的情况，即便有些贫困户借款了，也存在很大的可能性将借款用于看病、教育以及其他消费项目。

表6　　　　　　**"十二五"期间阿坝州金融机构存贷比数据**　　　　单位:%

项目	2011年	2012年	2013年	2014年	2015年
阿坝州金融机构存贷比	36.14	39.08	42.85	43.43	41.4
四川省金融机构存贷比	63.43	62.14	61.98	63.59	64.23

4. 金融扶贫过程中的可借鉴举措

　　阿坝州金融机构为了提升贫困人口的金融可得性，通过深入开展"迅通工程"建设取得了较好成效，但是由于当地贫困人口的居住条件和文化水平导致贫困人口用不上和不会使用金融服务的情况。针对此类情况，西藏农行的做法值得借鉴，农行西藏分行作为服务西藏广大农牧民群众的主力，针对区内尚有 369 个金融机构空白乡镇的实际情况，出台《流动金融服务管理办法》，要求各基层网点发扬"背包下乡、走村串户"传统，明确年流动金融服务频次，配置一定的下乡油料补助等财务资源，鼓励上门开展金融政策宣传、吸收存款、发放贷款等业务，为偏远、艰苦地区农牧民提供普惠性公共金融服务。初步统计，每年每个营业所平均流动服务面积达 2 100 平方公里，全行流动金融服务频次达 4 530 余次。现在不论是在世界最高峰的珠穆朗玛峰脚下，还是在辽阔无边的藏北羌塘草原，或是在地域偏远、人烟稀少的边境县域、乡村，一直都有西藏农行人开展流动金融服务。

　　针对贫困人口授信成本高、贷款风险大的情况，也有同类地区采取了针对性的措施，如西藏自治区人民政府印发《西藏自治区社会信用体系建设工作方案》和西藏自治区社会信用体系建设联席会议办公室印发《关于开展"金融信用县"创建工作意见的通知》，均在大力推动全区信用体系建设。人行拉萨中心支行一直在全区构建信用体系网络，各行都按照人行要求推进信用体系建设工作，由人行拉萨中心支行牵头，农行西藏分行配合开展了山南地区琼结县的全区信用体系建设试验区启动及试点相关工作。另外，农行西藏分行针对自身机构遍布西藏农牧区的情况，在当地县、乡党政及村级组织的配合下，主导推进了全区信用县、乡（镇）、村三级信用体系建设，构建了完整的县域金融生态图谱。截至 2015 年底，农行西藏分行在全区累计评定信用县 28 个、信用乡（镇）473 个、信用村 4 445 个，覆盖全区 33.33% 的县、69.25% 的乡（镇）和 84.59% 的村。对被评为信用县、乡（镇）、村的农牧户，适度提高小额信用贷款授信额度，形成守信激励、失信惩戒机制，促进小额信用贷款可持续发展。2015 年底，农行西藏分行小额信用贷款不良率仅为 0.15%，远低于全国平均水平。另外，为了规避因信贷风险高而导致的信贷供给不足问题，青海藏区也采取了针对性做法。主办银行为建档立卡贫困户颁发特殊的信用证，使其能免抵押担保获得小额贷款支持。主办银行对贫困地区发放的各类扶贫贷款产生不良贷款的，进入贷款风险代偿程序，由扶贫风险防控资金代偿不良贷款本息的 40%，主办行承担 60%。如海北州门源县农信社对发放的贷款，特别是不良贷款实行动态监控。逾期贷款进入贷款风险补偿程序时，其贷款本息由县级支农信贷担保资金代为清偿 20%，扶贫整村推进担保资金清偿 20%，农村信用社承担 60%，以 2:2:6 进行清偿。按照上述办法规定的程序补偿后收回的贷款本息，承办金融机构按照风险补偿比例反向退补信贷担保资金。

针对由于贫困人口自我发展能力不足导致的信贷需求不足等问题，有的地区通过分散贫困人口的经营风险，而提高了贫困人口借贷从事生产经营的信心和信贷需求，也有的地区通过创新扶贫模式将给贫困人口直接贷款转为组合式贷款。阿坝州的汶川和茂县保险公司积极探索开展甜樱桃等县域特色水果农业保险。同时，保险公司增大了政策性保险的承保力度。中华财险阿坝中支试点开办了自然灾害公众责任保险和政策性农房保险，是四川"5·12"灾后重建地区、民族三州地区巨灾保险首创。这些保险的存在有效增强了贫困人口从事相关生产经营性信贷的信心。在创新贷款模式方面，青海藏区做了大量尝试，青海省金融扶贫将产业扶贫资金作为风险抵押，从银行撬动 5~10 倍贷款，由政府全额补贴基准利率，主要面向能带动贫困户脱贫致富的产业园区、龙头企业、专业合作社、能人大户以及贫困户。除此之外，在各州贫困村还尝试将村级信用建设与推动农牧民小额信贷相结合，创新推出了村干部贷、乡医贷、惠农 POS 贷、园丁贷、模范贷、医护贷、惠商贷、幸福贷等多种信贷产品，为解决农牧民贷款难、贷款贵、贷款慢等问题探索出一条新路。如玉树州囊谦县将"村民自治"的理念引入精准扶贫信贷管理中，创新推出了扶贫的"东坝模式"，即"农行 + 乡镇政府 + 村（牧）委会 + 农牧户"模式、"农行 + 信用村 + 信用农牧户"模式、"农行 + 牧民专业合作社 + 农牧户"模式，成功为觉拉乡、东坝乡、着晓乡等发放贷款，解决农牧户资金短缺的问题。

5. 案例使用说明

5.1 教学目的与用途

本案例的教学目的是通过对于阿坝州金融扶贫实践的展示，从理论上厘清金融扶贫的内在机理，透析金融引致减贫的可靠路径，判定影响金融减贫绩效的关键链接。对于该问题的深入研究有助于科学设定金融减贫组合目标的具体靶点和目标位序，提升金融减贫政策的精准性。

1. 适用的课程

本案例主要适用于作为《金融经济学》《金融政策》以及与农村金融发展相关的专业课或专题的辅助案例。

2. 使用对象

本案例适用对象包括农村金融发展方向的金融硕士。

3. 案例教学目标规划

（1）本案例覆盖的知识点

金融服务的内涵；

信贷供给的影响因素；

信贷需求的影响因素；

信贷目标漂移；

信贷风险管理。

（2）本案例的能力训练点

学会从存款准备金率、贷款利率、信用评级、信贷审核等方面，分析金融政策对于贫困地区金融供给的影响；

学会从个体禀赋、经济机会和自我发展能力等方面，分析贫困人口信贷需求不足的制约因素和规避方法；

学会从宏观管理者的角度，详细考察金融扶贫不同利益相关主体的利益诉求，通过寻找他们的最大公约数，探索提升金融扶贫绩效的路径。

（3）本案例的观念改变点

金融需求不足也是影响金融减贫绩效的重要因素；

风险管理能够有效改善金融需求；

金融扶贫涉及的各利益相关者均为理性主体。

5.2　启发思考题

本案例的启发思考题主要对应的是案例教学目标的知识传递目标，启发思考题与案例同时布置，另外要让学生尽量在课前阅读熟悉相关知识点。因此在案例讨论前需要布置学生阅读的内容主要包括：学术期刊中对于金融与减贫关系的相关文献，并梳理金融与减贫的多样化关联；信贷偏离的原因；信贷需求总量不足和结构不匹配的表现与原因。

（1）你认为阿坝州有效金融供给不足的原因是什么？

（2）从贫困人口的角度出发，思考为什么贫困人口有信贷供给的情况下却不借钱？

（3）你认为实现金融机构财务目标和贫困地区减贫目标双赢的关键是什么？

5.3　分析思路和理论分析依据

本案例的主要分析思路是先从阿坝金融机构的角度来看，为什么金融机构的有效供给不足，然后从贫困人口的角度来看，为什么贫困人口信贷需求数量和结构与信贷供给不匹配，最后从第三方视角来看，如何将各利益相关者的目标形成合力。案例分析的基本逻辑是：

1. 由于缺乏差异性的金融政策支持，导致阿坝州有效金融供给不足。现有货币政策、信贷政策等金融政策与阿坝州的扶贫开发还存在一些不适应性：第一，全国统一的存款准备金制度不利于贫困地区货币资金供给的增加，基层人民银行能直接运用货币政策工具的对象仅有农村信用社一家，对集聚了更多存款资源的国有商业银行很难实施直接的货币政策影响，货币政策工具运用对象有限。并且由于监管机构设置的原因，对于保险行业、证券行业的政策传导在市、州基本属于空白，难以有效督导保险业、证券业机构融入到金融支持扶贫开发体系中。第二，国有商业银行实施的全国统一信贷准入、信用评级及贷款审批标准普遍高于阿坝州企业能够达到的水平，造成融资需求多为无效需求，且国有商业银行信贷审批权限过度集中于省级分行和市、州级分行，县级分支机构审批权限较小，信贷规模过度向大型国有企业倾斜，对贫困地区无差异化的信贷政策。地方法人金融机构为控制风险，也开始上收分支机构信贷审批权限。第三，贷款利率优惠政策也难以反映不同经济体不同发展阶段的差异，阿坝州绝大多数企业贷款利率在人民银行基准利率基础上上浮，无类似于西藏自治区的利率优惠政策。第四，缺乏民族地区差异化的担保管理政策，小微企业贷款可得性较差，融资难问题突出。信贷调控、不良贷款考核标准未考虑贫困地区发展实际，在产能过剩的大形势下，银行严控"两高一剩"行业贷款、地方政府融资平台贷款，阿坝州高耗能的工业体系、政府性旅游贷款属于调控范围，但这又是阿坝州经济增长的主要着力点。

2. 金融市场发育滞后，导致金融有效供给不足。第一，总量供给不足。间接融资方面，阿坝州全域属于集中连片特困地区，金融也处于一种欠发达状态。直接融资方面，目前全州仅一家主板上市公司，新三板企业也仅处于培育阶段。金融市场特别是资本市场发育不充分，银行间市场直接债务融资为零，二级市场、三级市场发育更是严重滞后，企业债券、金融债券发行、债券的流通规模无发展，与发达地区相比差距很大，极大地限制了直接融资的发展，而融资方式的单一，又会使资本形成能力不足，从而制约了融资能力的增强。第二，结构性供给不足。县域经济是集中连片特困地区发展的主战场，但相对于重大项目投资对 GDP 立竿见影的拉动效果，县域经济的基础性地位决定了其发展历程长，见效慢，因此政府、资金的关注点可能更多地集中在重大项目的投资上，客观上对扶贫开发的重点地区、难点领域产生了挤出效应。第三，供给保障不足。贷款风险分担补偿机制缺位，未能充分体现对金融供给的保障力度。财政部门对金融机构支持涉农、涉小贷款的奖励偏弱。

3. 风险冲击背景下，贫困人口自我发展能力和经济几乎不足导致信贷需求不足。阿坝州贫困农牧民切实面临着经济的非经济的风险冲击，在面临风险冲击时贫困农牧民的行为方式与稳定性预期之下的行为方式有所差别，与其他收入群体的行为方式也有所差别。在面临风险时，贫困农牧民会基于"极大化极小策略"来规避风险带来的可能损失，放弃先进的但存在风险的生产方式，从而主动选择"稳妥的贫困"。因此，如何通过风险管理提升贫困人口的经营信心是改善贫困人口信贷需求的关键。另外，提供更为明确的教育信贷、医疗保障也是改善贫困人口信贷需求结构的重要手段。

4. 金融扶贫过程存在多元利益相关者，而每个利益相关者都有着自己特有的自利行为。就目前阶段而言，反贫困很难成为多元主体的统一目标选择。更现实的界定，各利益相关者各有自己利益诉求，假借反贫困达成自身利益诉求，或者在反贫困与自身利益诉求相违背时，选择不利于减贫的举措。该观点对于精准扶贫和精准脱贫的理论研究意味着，研究者应意识到不同主体对反贫困有着不同的认知，从微观主体入手理性认识各相关主体的认知和行为方式的差异，是实现精准扶贫和精准脱贫的关键点。

5.4 建议的课堂计划

1. 课前计划。在课堂之前布置参考文献供学生阅读，让学生在讨论之前对于金融扶贫过程中的信贷供给和信贷需求有初步认识。相关文献包括：

［1］迪恩·卡尔兰，雅各布·阿佩尔．不流于美好愿景——新经济学如何帮助解决全球贫困问题［M］．商务印书馆，2014．

［2］Demirguc-Kunt A，Levine R．Finance and inequality：Theory and evidence［R］．National Bureau of Economic Research，2009．

［3］胡宗义，张俊，唐李伟．农村正规金融发展的减贫效应——基于 PVAR 模型的经验验证［J］．现代财经（天津财经大学学报），2014，8：67－78．

［4］苏静，胡宗义，肖攀．中国农村金融发展的多维减贫效应非线性研究——基于面板平滑转换模型的分析［J］．金融经济学研究，2014，4：86－96．

［5］高远东，张卫国．中国农村非正规金融发展的减贫效应研究［J］．西南民族大学学报：人文社会科学版，2014，35（12）：116－120．

［6］刘西川，黄祖辉，程恩江．小额信贷的目标上移：现象描述与理论解释——基于三省（区）小额信贷项目区的农户调查［J］．中国农村经济，2007，15（8）：23－34．

［7］林万龙，杨丛丛．贫困农户能有效利用扶贫型小额贷款服务吗？［J］．中国农村经济，2012（2）：35－45．

［8］程恩江等．信贷需求：小额信贷覆盖率的决定因素之一［J］．经济学（季刊），2008，7（4）：1391－1414．

［9］王定祥，田庆刚，李伶俐，王小华．贫困型农户信贷需求与信贷行为实证研究［J］．金融研究，2011（5）：124－138．

［10］黄祖辉，刘西川，程恩江．中国农户的信贷需求：生产性抑或消费性［J］．管理世界，2007（3）：73－80．

［11］马晓青，刘莉亚，胡乃红，王照飞．信贷需求和融资渠道偏好影响因素的实证分析［J］．中国农村经济，2012（5）：65－77．

［12］顾宁，范振宇．农户信贷需求结构分析［J］．农业经济问题，2012（8）：73－78．

2. 课堂组织计划（90 分钟）。

案例回顾：10 分钟

集体讨论：50 分钟

知识梳理总结：20 分钟

问答与机动：10 分钟

3. 课堂提问逻辑

阿坝州致贫原因是什么？

阿坝州既往金融减贫的举措体现何种减贫思路？

金融政策如何影响阿坝州金融机构的信贷供给？

本地的何种特性因素也影响到了这些金融机构的有效供给？

如何提升阿坝州贫困人口的金融可得性？

为何贫困人口信贷需求不足？

如何改善贫困人口的信贷需求数量和结构？

如何在金融机构的财务目标和贫困人口的减贫目标间实现共赢？

案例 9 雷曼兄弟控股公司破产分析

案例编写人：郑长德 杨晓龙

摘要： 具有 158 年历史的雷曼兄弟，于 2008 年 9 月 15 日向美国联邦法庭递交破产申请，雷曼兄弟的破产是始于 2007 年夏天的次贷危机的延续。本文重点探讨了雷曼兄弟破产的原因，有外部原因也有内部原因，外部原因主要包括虚假谣言与"恐慌风暴"大大降低了人们的信心，政府对衍生品市场监管不力等；内部原因主要包括业务过于集中、杠杆率太高及投资了过多的次贷产品等。

关键词： 雷曼兄弟；破产；次贷危机；金融危机

引 言

美国第四大投资银行雷曼兄弟控股公司于 2008 年 9 月 15 日根据美国破产法，向美国联邦破产法庭递交破产保护申请。以资产衡量，这将是美国金融业最大的一宗公司破产案①。

雷曼兄弟的破产是始于 2007 年夏天的次债危机的延续，美国金融危机的发生在某种程度上是因为美国政府以泡沫治泡沫，通过在房地产行业的泡沫刺激经济来挽救互联网泡沫破碎后的危机。金融危机宣告了 20 世纪 80 年代末由"华盛顿共识"所确立的新自由主义经济理论的基本破产。因此，对内我们要严格控制金融混业经营带来的连锁风险，对外更要控制金融开放的业务范围和

---

① 背景资料：雷曼兄弟公司简介，新华网，www. xinhuanet. com，2008/09/16。

节奏，防止国外金融危机对本国金融体系的传染。

雷曼破产为我们提供了经验和教训，本文通过分析雷曼破产的过程及原因，了解雷曼风险累积的过程及美国监管的缺失，进一步加深对金融危机的理解，本案例同时也为我国的金融业敲响了警钟。

1. 案例背景

雷曼兄弟公司由德国移民亨利、埃马努埃尔和迈尔于 1850 年在美国亚拉巴马州蒙哥马利城创建，目前已拥有 158 年历史。其主要业务包括投资银行、私人投资管理、资产管理等。雷曼兄弟公司总部设在美国纽约，在英国伦敦和日本东京设有地区总部，在世界上很多城市都设有办公室和分支机构。它在很多业务领域都居于全球领先地位，包括股票，固定收益，交易和研究，投资银行业务，私人银行业务和风险投资。表 1 简单回顾了雷曼兄弟在过去 158 年的时间里的发展过程。

表 1 雷曼兄弟简史

1850 年	来自于德国巴伐利亚的移民亨利·雷曼、埃马努尔·雷曼和迈尔·雷曼三兄弟在亚拉巴马州的蒙哥马利创办了这家公司，从事大宗商品交易业务
1984 年	雷曼兄弟公司的投资银行家和交易员之间的争斗导致该公司被出售给了 Shearson 公司
1990 年	Shearson Lehman Hutton 重新启用了雷曼兄弟这一公司名称
1993 年	美国运通公司（American Express）将 Shearson 分拆出去，获得独立的雷曼公司再次以雷曼兄弟的名字著称于世
1994 年	该公司以雷曼兄弟控股公司（Lehman Brothers Holdings Inc.）的名称在纽约证交所上市
2003 年	雷曼兄弟收购了资产管理公司 Neuberger Berman
2008 年	饱受按揭贷款市场问题打击的雷曼兄弟公司申请破产保护

资料来源：WSJ research；雷曼兄弟。

2. 案例事件

2007 年夏美国次贷危机爆发后，雷曼兄弟公司因持有大量抵押贷款证券，资产大幅缩水，公司股价在次贷危机后的一年之内大幅下跌近95%。
2008年9月11日，雷曼兄弟宣布第三季度的亏损将达39亿美元，雷曼股价
暴跌46%至每股4.22美元。截至2008年第三季度末，总股东权益仅为284
亿美元。

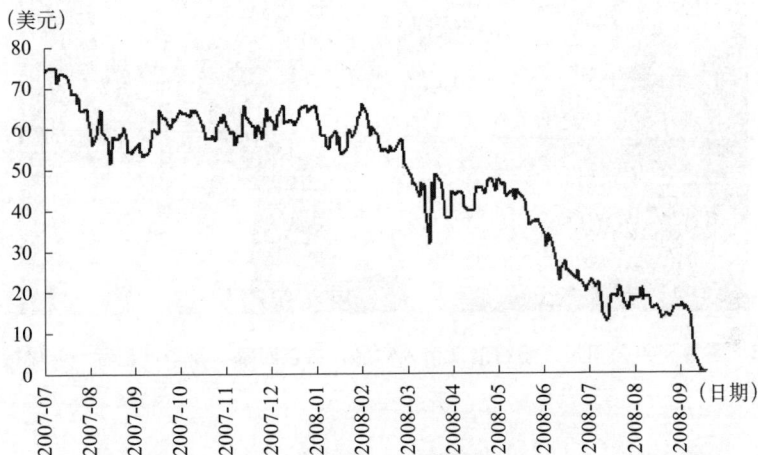

图1 雷曼兄弟股票价格走势

资料来源：Bloomberg.

为筹集资金渡过难关，雷曼兄弟公司被迫寻找收购方。2008年9月14日，
美联储明确表示不会伸手给雷曼兄弟以救援和资金保障，巴克莱银行退出谈
判，美洲银行转而与同样陷于困境的美国第三大券商美林达成收购协议；同
时，高盛、摩根士丹利、巴菲特控股的伯克希尔哈撒韦也表示没有兴趣收购雷
曼；雷曼兄弟命悬一线。

2008年9月15日，雷曼兄弟依照美国《银行破产法》第11章，向纽约
南部的联邦破产法庭提出破产保护。雷曼兄弟的所有从事经纪业务的分支机构
及雷曼兄弟的子公司等不受此影响，继续正常交易和营业；当天，雷曼的股票
价格暴跌94%至每股0.21美元。

9月14日晚，在美国纽约的雷曼兄弟公司总部，两名员工抱着个人物品
走出公司大楼。英国巴克莱银行当日宣布，撤出对陷入困境的美国大型投行雷
曼兄弟公司的竞购行动。这使美国金融监管当局推动的雷曼兄弟公司拯救计划
面临困境，这家美国第四大投行或将破产清算。

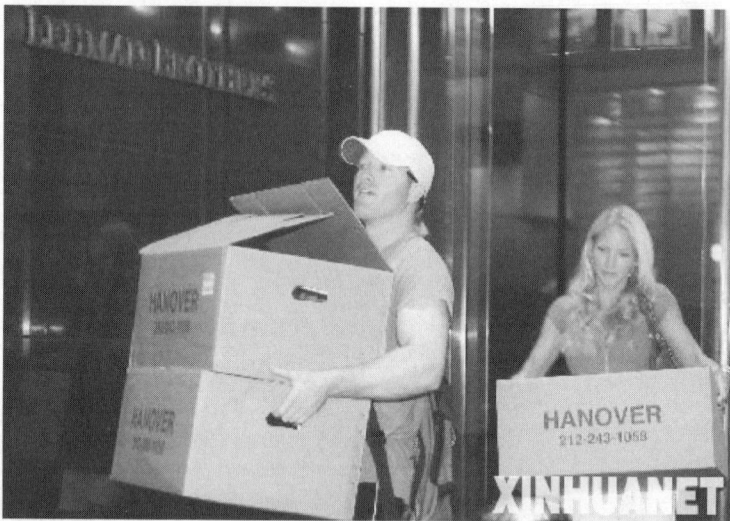

图2　雷曼兄弟公司员工纷纷清理个人物品，打包回家　新华社记者　侯俊摄①

3. 雷曼破产的影响

有158年悠久历史的美国第四大投行雷曼公司的轰然倒闭，以及接踵而至的拥有94年历史的美林公司在美联储的压力下以近440亿美元匆忙出售给了美国银行，表明"次贷危机"所带来金融风暴正越演越烈。美国金融企业在这次风波中可以说涉水很深，多米诺骨牌效应正在波及美国众多小型金融企业，未来一段时期美国金融行业将面临着一次震痛性的洗牌。

受其影响美国房地产价格进一步下行，股市、居民消费能力亦难以抽身。美国正陷入的"百年一遇"的金融危机势必会极大冲击美国经济的基本面，可以说美国经济真正意义上的衰退警报已经拉响，全球经济因此会走向低增长的边缘，全球经济整体不景气的预期正不断加强。全球经济增速放缓，导致对能源需求的下降，原油价格下跌的趋势已经形成。随着大量投机资金撤离原油期货市场，油价将逐步回归理性，后市价格若有反弹也难以长久，全球油价的"盛宴"基本已经宣告结束。与此同时未来一段时期内其他大宗商品价格变化因素将更加取决于供求层面，目前资金炒作力量明显已经得到一定程度的释

---

① 侯俊：《美国第四大投资银行雷曼兄弟申请破产保护》，新华网，www.xinhuanet.com，2008/09/15。

放。全球经济泡沫正不断被挤压，商品市场投资者人气会有一段很长时间的积聚，在这一时期里商品价格出现疲态亦无法避免。

继前期国际资本回流美国后，美元强势得到持续，美元标价的商品一路下行。然而，当前暴发的雷曼兄弟破产事件是继贝尔斯登之后美国本土又一轮更大金融危机，前者得到美国政府的支持而幸免于破产，但这次美国政府已无力再救了，因为谁都知道，此类危机还将不断暴发，政府能救多少？在经济环境变得异常恶化之下，投资者担心全球经济将陷入远比预期更长的衰退期，对商品的需求还将持续下降。前期高涨的国际商品自然还有延续挤泡沫的必要，国际游资持续做空以原油为主的商品是必然的选择。

而值得留意的是，黄金逆市上升，成为市场一个非常耀眼的亮点，其原因主要是美国为了拯救经济使得美元存在减息的预期而重挫，黄金作为金融市场危机当头的避难所，迅速发挥了作用，预期短期内金价将持续靠稳，但随着全球经济越来越朝着衰退的边缘迈进，黄金对抗通胀而走高的预期正不断弱化。

短期观察，美国金融危机事件的影响还将持续，原油价格跌穿 100 美元/桶后，牛市气势已荡然无存，金融危机、经济不景气、需求下降，成为原油下跌的最大杀手；金价虽然因美元不稳定而起到资金避难的作用，但市场一旦回复到经济层面上，衰退的阴影依然是困扰着黄金走强；同样的基本面还有有色金属、天然橡胶等；至于农产品方面，我们预期短期还将深受金融事件的影响，但随着各品种的基本面的作用，农产品后市将会摆脱当前齐升齐跌现象，但能否走强还有待观察。

4. 雷曼兄弟破产的原因分析

雷曼兄弟破产的原因是多方面的，有整个市场基本层面的变化和不稳定而导致的系统性风险，也有雷曼公司自身的问题带来的风险，同时也与美国证券监管部门的监管失误有关。

4.1　雷曼兄弟自身的原因

4.1.1　进入不熟悉的业务，且发展太快，业务过于集中

作为一家顶级的投资银行，雷曼兄弟在很长一段时间内注重于传统的投资银行业务（证券发行承销，兼并收购顾问等）。进入 20 世纪 90 年代后，随着

固定收益产品、金融衍生品的流行和交易的飞速发展，雷曼兄弟也大力拓展了这些领域的业务，并取得了巨大的成功，赢得了华尔街"债券之王"的美誉。

在2000年后房地产和信贷这些非传统的业务蓬勃发展之后，雷曼兄弟和其他华尔街上的银行一样，开始涉足此类业务。这本无可厚非，但雷曼的扩张速度太快。近年来，雷曼兄弟一直是住宅抵押债券和商业地产债券的顶级承销商和账簿管理人。即使是在房地产市场下滑的2007年，雷曼兄弟的商业地产债券业务仍然增长了约13%。这样一来，雷曼兄弟面临的系统性风险非常大。在市场情况好的年份，整个市场都在向上，市场流动性泛滥，投资者被乐观情绪所蒙蔽，巨大的系统性风险给雷曼带来了巨大的收益；可是当市场崩溃的时候，如此大的系统风险必然带来巨大的负面影响。

雷曼兄弟虽然在债券市场赚了个盆满钵满，但业务过于集中与固定收益部分也使其承受的风险不断增大。近几年，虽然雷曼也在兼并收购、股票交易等方面有了进步，但缺乏其他竞争对手所具有的业务多元化，其业务结构不合理的状况并未从根本上获得改观。相比一下，摩根士丹利、高盛和美林的业务结构更为合理，花旗、摩根大通和美国银行虽然也有投资银行业务，但它们抵御风险的能力明显强于雷曼兄弟。这就是为什么同样面临困境，美林可以在短期内迅速将它所持有的彭博和黑岩公司的股权脱手换得急需的现金，实现自我救赎，但业务模式相对单一的雷曼兄弟就没有这样的应急手段[①]。

4.1.2 自身资本太少，杠杆率太高

华尔街投资银行的自有资本太少，资本充足率太低。为了筹集资金来扩大业务，它们只好依赖债券市场和银行间拆借市场；在债券市场发债来满足中长期资金的需求，在银行间拆借市场通过抵押回购等方法来满足短期资金的需求（隔夜、7天、一个月等）。然后将这些资金用于业务和投资，赚取收益，扣除要偿付的融资代价后，就是公司运营的回报。借贷越多，自有资本越少，杠杆率（总资产除以自有资本）就越大。杠杆效应的特点就是，在赚钱的时候，收益是随杠杆率放大的；但当亏损的时候，损失也是按杠杆率放大的。杠杆效应是一柄双刃剑。近年来由于业务的扩大发展，华尔街上的各投行已将杠杆率提高到了危险的程度。表2是雷曼兄弟2007年下半年和2008年上半年各季度的杠杆率。

---

① 《雷曼兄弟：轰然倒下的金融帝国》，载《销售与市场》，2008年第11期。

表 2　　　　　　　　　　雷曼兄弟 2007 年及 2008 年部分季度杠杆率

年份	2008 年第二季度	2008 年第一季度	2007 年第二季度	2007 年第三季度
总资产	639 432	786 035	691 063	659 216
总净资产	26 276	24 832	22 490	21 733
杠杆率	24. 3	31. 7	30. 7	30. 3

资料来源：Bloomberg。

从表 2 中可以看出，雷曼的杠杆率一直维持在较高的位置。比如，在 2008 年第二季度末，雷曼的杠杆率为 24.3（年初的时候曾高达 32），其总资产为 6 394 亿美元，但其负债也到达了 6 132 美元。区区的 263 亿美元的净资产，当然无法帮助雷曼在紧急时期渡过难关。

4.1.3　投资了大量的与次级债有关的证券产品

雷曼兄弟所持有的很大一部分房产抵押债券都属于第三级资产（Level 3 Assets）。雷曼作为华尔街上房产抵押债券的主要承销商和账簿管理人，将很大一部分难以出售的债券都留在了自己的资产表上（30% ~ 40%）。这样债券的评级很高，所以利率很低，不受投资者的青睐，卖不出去。雷曼将它们自己持有，认为风险会很低。但问题是，这些债券并没有一个流通的市场去确定它们的合理价值。持有者所能做的就是参考市场上最新交易的类似产品，或者是用模型来计算损益。但计算的准确度除了模型自身的好坏以外，还取决于模型的输入变量（利率、波动性、相关性、信用基差，等等）。因此，对于类似的产品，不同金融机构的估值可能会有很大的差别。业务部门的交易员和高层有将此类产品高估的动机，因为如果产品估价越高，售出的产品越多，那么本部门的表现就越好，年底的时候分得的奖金就越多。因此，很多人往往只顾及眼前利益，而以后的事情以后再说，甚至认为很可能与自己没有什么关系。

市场情况好的时候，上述问题都被暂时掩盖了起来。可当危机来临的时候，所有的问题都积累在一起大爆发。所以业内人士把这样的资产称为"有毒"资产。雷曼兄弟在 2008 年第二季度末的时候还持有 413 亿美元的第三级资产（"有毒"资产），其中房产抵押和资产抵押债券共 206 亿美元（在减值 22 亿美元之后）。而雷曼总共持有的资产抵押则要（三级总共）高达 725 亿美元。在这些持有中，次贷部分有约 2.8 亿美元。住宅房产抵押占总持有的 45%，商业房产抵押占 55%。这种情况和花旗银行及美林有所不同。表 3 列举的是雷曼兄弟在 2008 年第二季度末（5 月 31 日）资本市场部资产表上所持有的各类金融产品，及其负债表上对应的金融产品。可以清楚地看

到，雷曼的资产和负债之间有很大的错配：其资产有大量的三级资产（413
亿美元），而负债表中几乎没有（3.4 亿美元）；同时资产表上的一级（最
优）资产（456 亿美元）要少于负债表中此类（1 049 亿美元）的一半。不
仅如此，随着市场的恶化，其所持二级资产和金融衍生品也会受到较大的
影响。

表3　　　　雷曼2008年第二季度末资本市场所持资产和负债合理价值

资产合理价值（截至2008年5月31日）				
单位：百万美元	一级	二级	三级	总共
房产抵押和资产抵押债权	347	51 517	20 597	72 461
国债和政府机构债	11 002	15 986	—	26 988
公司债及其他	77	44 332	5 590	49 999
股票	26 785	10 606	10 158	47 549
商业票据和其他货币市场产品	4 757			4 757
金融衍生品	2 597	39 395	4 999	46 991
总共	45 565	161 836	41 344	248 745

负债合理价值（截至2008年5月31日）				
单位：百万美元	一级	二级	三级	总共
房产抵押和资产抵押债权	—	351	—	351
国债和政府机构债	60 869	3 042	—	63 731
公司债及其他	5	8 339	—	8 344
股票	42 356	828	—	43 184
商业票据和其他货币市场产品	12	—	—	12
金融衍生品	1 799	20 653	3 433	25 885
总共	104 861	33 213	3 433	141 507

资料来源：《雷曼兄弟财务报表10Q》，2008年第二季度。

国际投行瑞士信贷结构性金融产品交易部主任 Jay Guo 说："美林银行及
雷曼兄弟等大型投资银行之所以纷纷在瞬间倒下，本质上是因为他们投资了大
量的与次级债有关的证券产品，而且这些产品的投资原则一般都有大比例的投
资杠杆，也即这些产品的投资收益与亏损都是被大比例放大的——赚就会赚得
更大，亏也会亏得更多。现在哪家银行能在这场金融危机中生存下来，取决于
他们与次级债有关的金融产品的距离。"[①]

---

① 《美金融业近几年内都会差的可怕》，载《广州日报》，2008年9月16日。

4.2 雷曼破产的外部分析

雷曼兄弟破产和自 2007 年夏天开始的美国次贷危机分不开的。政策引导的房地产泡沫、泛滥的次级房屋抵押贷款，以及利益驱使的基于次贷的华尔街金融创新和杠杆化扩张，是这次美国金融危机的根源。

4.2.1 虚假谣言与"恐慌风暴"大大降低了人们的信心

雷曼破产的直接原因，是市场对雷曼产生恐慌的情绪，导致短期内客户将业务和资金大量转移，对手停止与雷曼的交易和业务，市场上的空头放大规模做空雷曼的股票导致其股价暴跌，进一步加剧市场的恐慌情绪和雷曼业务的流失。同时，债权人调低雷曼的信用等级，导致其融资成本大幅上升，业务模式崩溃。这些因素不是独立的，也难言孰先孰后，而是交织在一起，相互影响、相互加剧，形成一个在市场处于极端情况下难以解决的死循环，直至雷曼无力支撑，在找不到买家的情况下，只得宣布破产。

法国的 MEESCHAERT 的基金经理 YANN AZUELOS 则对记者表示："现在市场的信心是真正在崩溃。之前房地美、房利美被接管时，我们以为最差的时期过去了，但是现在的情况证明并非如此。因为市场担心还会有更多银行的减记没有被公布出来。"[①]雷曼兄弟随着房地美、房利美的被接管，股价跌于谷底，一些投资"两房"股票的银行等机构的资金都将打个水漂，而它们本身的资金压力已经很大，这是典型的雪上加霜。截至 9 月 15 日，随着次级债的爆发，美国已有十几家大大小小的银行破产，接下来，估计还会有上百家银行加入这一行列，这其中并不是每家银行都会有接盘者的，而且结局很可能大部分的银行没有人来购买。[①]

4.2.2 美国证券风险监管的不足

此前已有多名经济学家指出，美国次贷危机发生的主要原因之一就是监管不力，美国金融业众多机构遭受惨重损失的原因，也同监管机制和工具的缺失有关。近年来，金融产品的日趋复杂，市场参与者的日趋增多，美国的金融监管机制有它的不足之处。

美国金融界的从业者们认为，市场有它自己的发展模式和规律，因此不应过度干预；恰当的干预是允许的，但过度的干预不但会大幅增加成本，而且会

---

① 《美金融业近几年内都会差的可怕》，载《广州日报》，2008 年 9 月 16 日。

制约市场按其内在规律良性地发展。在20世纪末，随着金融市场的发展，去监督浪潮成了主流。于是有了1980年的储蓄机构去监督和货币控制法案及1999年的Gramm－Leach－Bliley法案。后者允许商业银行涉足投资银行业务，投资银行可以接受个人储蓄。投资银行等证券公司和对冲基金等金融机构在业务方面几乎不受任何实质性的约束。业务的发展不受约束，加上美联储实行宽松的货币政策，终于使事态达到了不可控制的地步；本来监管机构对银行等金融机构的准备金是有严格要求的，但近年来随着金融产品的推陈出新，尤其是金融衍生品的井喷式增长，旧的准备金要求等体制难以达到确保流动性和控制杠杆率的目的。

在分析了雷曼兄弟自身的问题和其破产时的市场情况后，我们可以对雷曼风险的形成和破产的原因进行一个总结。雷曼兄弟的风险是伴随着2002～2007年间全球资本市场流动性过大，美国房地产市场的泡沫而形成的。在这个过程中，雷曼进入和发展房地产市场过快过度，发行房产抵押等债券失去控制，而又对巨大的系统性风险没有采取必要的措施。另外，雷曼净资本不足而导致杠杆率过高，所持不良资产太多，不良资产在短期内大幅贬值，并在关键时刻错失良机、没有能够采取有效的措施化解危机。

5. 案例使用说明

5.1 教学目的与用途

1. 实用课程：投资学、金融工程、衍生金融工具、金融市场与金融机构
2. 适用对象：金融硕士及金融学等专业本科高年级学生
3. 教学目的：
（1）认识衍生金融工具的特点；
（2）了解衍生金融工具的风险特点；
（3）熟悉投资银行风险管理。

5.2 启发思考题

1. 20世纪80年代以来，以各种衍生工具为代表的金融创新在西方世界呈

高速发展的态势。经过近 20 年的发展,目前全球金融衍生产品的总量已经达到各国 GDP 的 8 ~ 10 倍。雷曼破产的原因之一就是雷曼大举进入衍生品领域,使风险过于集中。就我国当前衍生品市场的现状,请谈谈我国衍生品市场的未来发展趋势和需要注意的问题。

2. 雷曼破产启示我们,在市场经济发展过程中,国家在加强金融制度、金融体系建设的同时,进行有效的金融市场监管和防范金融风险。请简述发展社会主义市场经济需要加强国家宏观调控的必要性。

3. 雷曼等投资银行的杠杆率一直很较高,在赚钱的时候,收益是随杠杆率放大的;但当亏损的时候,损失也是按杠杆率放大的。试讨论企业的杠杆率处在什么位置上是最优的。

4. 雷曼破产波及全球,中国也受到了一定的影响,试讨论中国企业在危机面前应如何应对。

5.3 理论依据

衍生金融工具理论
投资银行风险管理理论

5.4 建议课堂计划

同学们自行分组,每小组 4 人,小组成员间需要就上述四个问题展开充分讨论,并将讨论的结果做成 PPT,在课堂上汇报。